Turbokapitalismus & Religionsdiktatur

kontra

Humanität & Gerechtigkeit

ALFRED PIRKER

**Turbokapitalismus & Religionsdiktatur
kontra
Humanität & Gerechtigkeit**

Bibliografische Information der Deutschen Nationalbibliothek
Die Deutsche Nationalbibliothek verzeichnet diese Publikation
in der Deutschen Nationalbibliografie; detaillierte bibliografische
Daten sind im Internet über http://dnb.d-nb.de abrufbar.

Umschlagdesign, Satz, Herstellung und Verlag:
BoD – Books on Demand
ISBN 978-3-7543-7639-3

Inhalt

Literaturhinweis

Der Glaube der Kirche in den Urkunden der Lehrverkündigung, Neuner-Ross – neubearbeitet von Karl Rahner und Karl-Heinz Weger 13. Auflage.
Darin enthalten sind alle Glaubenssätze, sowohl gültige wie die für ungültig erklärten. Geordnet werden sie durch ein Nummernsystem (Randnummern) abgekürzt mit RN – Inhalte der Glaubenssätze werden mit RN xxx: in kursiver Schrift wiedergegeben.

Grundriss der katholischen Dogmatik – Offizielles Lehrbuch der theologischen Fakultät – Ludwig Ott, vierte Auflage 1959
Dogmen der katholischen Kirche in Kurzform wiedergegeben – mit Status »de fide« (höchste Glaubensgewissheit) aus
http://kath-zdw.ch/maria/245.dogmen.html
Mit Nr. (1 – 245) xxx. in kursiver Schriftform wiedergegeben

Im Text werden die verwendeten Literaturquellen direkt angeführt.

Der Einzelne könne doch nichts bewirken,
entspricht nicht dem buddhistischen Weltbild.

Kleine Anstöße können eine Lawine ins Rollen bringen.

Es ist der Bewusstseinswandel vieler,
der Veränderungen hervorbringen kann.

Dies gilt auch für den politischen Bereich.

Tenzin Gyatso, XIV. Dalai Lama,1997

Turbokapitalismus

Ticket ins All für 28 Mio. Dollar versteigert.

Ein Vermögen für zehn Minuten Flug mit Jeff Bezos: Ein Sitzplatz für den bemannten Weltraumflug einer neuen Raumkapsel der Firma Blue Origin ist für 28 Millionen US-Dollar versteigert worden. Erfolgreicher Bieter war ein Milliardär, der seinem Sohn mit dem Weltraumflug ein Geschenk machte. Der Flug mit der Rakete »New Shepard« fand am 20. Juli statt.

Neun Tage nach dem britischen Milliardär Richard Branson ist Amazon-Gründer Jeff Bezos ins Weltall gestartet. Mit an Bord der Blue-Origin-Rakete waren sowohl die älteste als auch die jüngste Person, die je in den Weltraum geflogen sind. Auch wenn Bezos auf den Fortschrittsgedanken verwies, sah er sich mit Kritik von allen Seiten konfrontiert. Bezos ist am Jahrestag der ersten Mondlandung in den Weltraum gestartet. Der 57-Jährige hob am Dienstag kurz nach 15.00 Uhr an Bord des Raumschiffes »New Shepard« vom US-Bundesstaat Texas aus ab, wie auf einer Liveübertragung des Unternehmens zu sehen war. Insgesamt dauerte der vollautomatisch ablaufende Flug rund zehn Minuten – alle sind sicher gelandet.

Bei dem ersten bemannten Weltraumflug seiner Firma Blue Origin waren neben dem US-Unternehmer auch sein Bruder Mark sowie eine 82 Jahre alte frühere US-Pilotin und ein 18-Jähriger Sohn eines Milliardärs. Nach dem Start beschleunigte das Raumschiff innerhalb von zwei Minuten auf mehr als 3.700 km/h. Kurz danach trennte sich die Kapsel von der wiederverwendbaren Rakete.

Kritik von allen Seiten.
Die Milliardäre erhoffen sich neben der Erfüllung eigener Träume auch einen Einstieg in das Geschäft mit dem Welt-

raumtourismus. Kritiker werfen ihnen vor, ohne Rücksicht auf das Klima und weitgehend ohne wissenschaftliche Forschungsinteressen sehr viel Geld zu verschwenden. Bezos' Vermögen beläuft sich auf rund 205 Milliarden Dollar. Somit ist er derzeit Nummer eins auf der »Forbes«-Liste der Milliardäre.

US-Linken-Ikone Bernie Sanders zürnte etwa kürzlich auf Twitter, »hier auf der Erde, im reichsten Land der Welt« hätten viele Menschen kaum genug Geld zum Essen. »Aber hey, die reichsten Menschen der Welt reisen ins Weltall!« Es sei an der Zeit, Milliardäre ordentlich zu besteuern, mahnte der Senator und frühere Präsidentschaftsbewerber – ein Verweis darauf, dass Superreiche wie Bezos in den USA, gemessen an ihrem Vermögen, kaum Einkommensteuer zahlen.

Fragen werden auch laut zu den Auswirkungen der Weltraumflüge auf die Umwelt. Dass große Mengen Treibstoff verbrannt werden, um Vermögenden ein außergewöhnliches Erlebnis im All zu bescheren, erscheint inmitten der Debatte über den Kampf gegen die Erderwärmung hoch brisant.

Nach Berechnungen des französischen Astrophysikers Roland Lehoucq und seiner Kollegen betragen beispielsweise die Emissionen bei einem Flug mit dem Raumflieger von Bransons Unternehmen Virgin Galactic pro Passagier 4,5 Tonnen. Das ist ungefähr so viel wie bei einer Autofahrt rund um die Welt. Und Virgin Galactic schweben Hunderte Flüge im Jahr vor – mit durchschnittlich sechs Passagieren an Bord. Dass der Markt großes Potenzial hat, daran gibt es keine Zweifel. Virgin Galactic hat derzeit schon 600 Tickets für künftige Flüge verkauft, Stückpreis: zwischen 200.000 und 250.000 Dollar.

Nach dem Start soll das Raumschiff innerhalb von zwei Minuten auf mehr als 3.700 Kilometer pro Stunde beschleunigen. Nach drei Minuten soll die Schwerelosigkeit einsetzen, bevor die Kapsel eine Höhe von mehr als 100 Kilometern über der Erde erreicht. Zum Vergleich: Die Internationale Raumstation (ISS) fliegt 400 Kilometer über der Erdoberfläche. Nach ihrem Höhenflug traten die Astronauten wieder in die Erdatmosphäre ein und »New Shepard« durch große Fallschirme abgebremst, landete in der texanischen Wüste.

Ziel von Branson – und Amazon Gründer Jeff Bezos sowie Tesla-Chef Elon Musk – ist es, ins Geschäft mit dem Weltraumtourismus einzusteigen. Doch Bransons All-Trip ist auch ein gelungener PR-Coup gegen seinen Konkurrenten Bezos: Der reichste Mann der Welt hatte davor seinen Flug ins Weltall am 20. Juli 2021 mit großem Aufwand beworben. Dann kam Branson und kündigte an, dass er neun Tage früher fliegen werde. Die Live-Berichterstattung von Virgin Galactic von dem Flug machte den Eindruck einer Werbeveranstaltung.

Das Vermögen von Jeff Bezos wird auf rund 205 Milliardengeschätzt. Das sind Beträge, von denen kleinere Staaten und Länder nur träumen können. Klimaschutz und CO_2 Belastung spielen dabei keine Rolle. Dafür sind Regierungen zuständig, die Normalverdiener zum disziplinierten Verhalten zu bewegen haben.

Doch Wünsche von Superreichen können gefährlich werden, wenn der Einsatz von Kapital die Umwelt gefährdet. Die Welt bewegt sich der modernen Sklavenhaltung zu, die mit Gerechtigkeit und Ethik nicht in Einklang steht.

John Perkin

Die USA als größte wirtschaftliche und militärische Macht bedient sich besonderer Methoden, um ausgerechnet Entwicklungsländer und wirtschaftlich interessante Regionen auszubeuten. Umsatz und Gewinn auf heimtückische Weise in jenen Ländern zu machen, die eigentlich Hilfe bräuchten, war die berufliche Aktivität von John Perkin.

Mitglieder einer Verschwörung können vor Gericht gestellt und verurteilt werden. Dieses System ist viel gefährlicher als eine Verschwörung. Es wird von einem Konzept angetrieben, das als Evangelium gilt. Alles was der Wirtschaft nützt, dient der Menschheit. Je größer das Wachstum, desto globaler der Nutzen. Jene die das Feuer des Wachstums schüren, sind zu belohnen. Ein beachtlicher Teil von Menschen und Land steht für Ausbeutung zur Verfügung. John Perkin war in dieser besonderen Gruppe aktiv und hat eine führende Rolle eingenommen. Ziel ist es durch riesige Kredite für Großprojekte in ärmeren Ländern, diese auf Jahrzehnte an die USA zu binden. Gegebenenfalls nach Bezahlung der Schulden, aus politischer Taktik in den Bankrott zu treiben. Führende Politiker dieser Länder wurden und werden vor die Alternative gestellt, entweder reich zu werden oder mit dem Leben bezahlen zu müssen. Mord ist Angelegenheit der CIA Beauftragten.

Das Konzept ist laut Perkin falsch. Das Wachstum nützt nur einer Minderheit. Kapitäne der Industrie und des Handels forcieren das System. Wird Gier belohnt, wird sie zum korrupten Motivator. Der Verbrauch der Erdressourcen steht nicht im Einklang mit Bedarf und Gerechtigkeit. Die wichtigste Funktion ist, die Herrschaft der Konzerne zu erweitern und das System zu stärken. Die Plünderung der Erde dient sowohl der Wirtschaft wie auch den Interessen der US Regierung.

Nach Jahren erfolgreicher Tätigkeit erfolgte bei ihm eine moralische Umkehr. Die Reaktion war das Schreiben von Büchern um der Welt Einblick zu verschaffen, was sich die USA alles erlaubt. Sehr bekannt sind »Geständnis eines Wirtschaftskillers« 2004, »Die geheime Geschichte des amerikanischen Imperiums« 2007, »Hoodwinked: Ein wirtschaflicher Killer enthüllt« 2009.

Seine Aussage »Wir werden unsere Rolle in der Welt neu

bewerten, in der wenige in Reichtümern schwimmen, die Mehrheit ertrinkt in Armut, Umweltverschmutzung und Gewalt«.

Letzte Rede von Ecuador Präsidenten Roldos im Mai 1981: *Wir werden unerbittlich verteidigen, was wir immer verteidigt haben: Die Anti- Interventionspolitik und die freie Selbstbestimmung der Völker. Wir begrüßen und unterstützen den demokratischen Fortschritt, den diese Völker dieser Welt leisten. Wir werden dafür sorgen, dass Lateinamerika vereinter, stärker und solidarischer wird. Bezeugen wir Heimatliebe, indem wir geschlossen unseren Bürgerpflichten nachgehen. Unser Herz, lasst euch das gesagt sein, schlägt und soll immer für Ecuador schlagen. Es lebe das Vaterland!*

Präsident Roldos und seine Gattin sterben bei einem Flugzeugabsturz. Der Absturz wurde als Unfall erklärt. Nur US- Militärs und hochrangige Polizeioffiziere durften das abgesperrte Gebiet betreten. Einige Augenzeugen, die beim Verfahren aussagten, dass es Mord war, starben durch Verkehrsunfälle. Innerhalb kürzester Zeit war das Verfahren abgeschlossen. (Siehe YouTube Video – economic hitman deutsch).

John Perkin gab bei einer politischen Veranstaltung auf die Forderung »Wir wollen die Wahrheit hören« folgendes Eingeständnis ab. *Er ist gekommen um eine Entschuldigung für die Handlung meines Landes und seiner Konzerne anzubieten. Ich übernehme die persönliche Verantwortung für einige dieser Handlungen. Ich will mich für alles Unrecht entschuldigen.*

Die extreme Zunahme von Automatisierung und Digitalisierung reduziert den Arbeitsbereich der Menschen. Umsatz und Gewinn als wichtigste Kriterien im Wirtschaftsbereich, sind eine große Gefahr für Umwelt und Gesellschaft. Nicht nur Erde und Meer wird mit Müll verseucht. Auch die Sphäre über uns wird mit tausenden Tonnen Weltraummüll belastet. Bis heute ist die Endlagerung radioaktiver Abfälle ein ungelöstes Problem.

Auf der Bühne der Welt spielt sich eine widerliche Tragödie ab. Überfluss und Elend dominiert. Schicksal des Überlebens wegen Nahrungsmangel konfrontiert mit der Wegwerfgesellschaft und des Überkonsums. Verhungern und Dickleibigkeit sind die Kulissen. Laut Ernährungsorganisation der Vereinten Nationen (FAO) werden eineinhalb Milliarden Tonnen Lebensmittel verschwendet und landen überwiegend im Müll. In die Weltregionen der Armen wird der Müll der Überflussgesellschaft exportiert, der dort nach brauchbaren Materialien sortiert und sie vor dem Verhungern rettet. Das System der Gewinnmaximierung nimmt auf globale Bedürfnisse und Transportwege keine Rücksicht. Klima, Landschaft und eine humanitäre, biologische Landwirtschaft leiden darunter. Die Produktion auf engstem Raum zum Leid der Tiere wird selbst in der EU noch praktiziert. Wo bleiben notwendige Maßnahmen, um Menschen und Tier Leid, sowie Landschaftsvernichtung in Schranken zu halten?

Staat und Gesellschaft nach finanzieller Perspektive zu bewerten, ist ein Auslaufmodell. Eine historische Variante, die den Zukunftsanforderungen keinesfalls gerecht wird, geschweige diese lösen kann! Die Regenwaldzerstörung durch Brandrodung verursacht durch industrielle Landwirtschaft hat Folgen, deren Gesamtschaden erst in ferner Zukunft erkannt wird. Das politische Ignorieren darf nicht den betroffenen Ländern alleine zugeordnet werden. Mitverantwortlich sind auch die Abnahmeländer der für sie billigen Agrarprodukte. Alleine der Transport, durchgeführt mit billigstem Öl, ist eine politische Groteske konträr der Klimaschutzaktivitäten. Ein beachtlicher Teil der Länder haben heute das Problem der Fettleibigkeit und des Übergewichtes. Gleichzeitig verhungern durch das Wachstum der Bevölkerung in den Entwicklungsländern Millionen von Menschen, insbesondere Kinder.

Es ist sehr traurig, dass die Welt eine Greta Thunberg braucht, um die Wahrheit zu erfahren. Trotz rascher Information braucht Wissenschaft und Politik eine jugendliche Reformerin, um die Blockaden des Schweigens und gezielten Ignorierens aufzugeben!

Kapitalismus regiert die Welt

Die Oxfam Studie (www.oxfam.de) ergibt ein erschreckendes Bild über die Vermögens- und Einkommensverhältnisse auf der Welt. In Zahlen gegossen heißt das, dass die acht reichsten Personen zusammen 426 Milliarden US-Dollar und damit mehr als die gesamte ärmere Hälfte der Weltbevölkerung – 3,6 Milliarden Menschen mit 409 Milliarden US-Dollar (399,59 Mrd. Euro) – besitzen, heißt es in einem am 16. Jänner 2017 veröffentlichten Bericht unter dem Titel »An Economy for the 99 Percent«.

Das reichste Prozent der Menschheit besitzt demnach seit 2015 mehr als der gesamte Rest. Der anlässlich des Weltwirtschaftsforums in Davos herausgegebene Bericht prangert die weltweite soziale Ungleichheit an. Diese sei größer als bisher angenommen.

Die schrankenlose Öffnung des Marktes ist vor allem das Bestreben einer skrupellosen Diktatur des Kapitals ohne Rücksicht auf Humanität, Ökologie, Umwelt und den sich daraus ergebenden Konsequenzen. Der Ausbeutung von Mensch und Natur werden die Tore geöffnet, ohne Rücksichtnahme auf negative Folgen, die in vielen Fällen nicht mehr reparabel sind.

Die Kombination Kapitaldiktatur und technologischer Fortschritt ohne Kontrolle ist eine gezielte Kriegsführung mit nicht-militärischen Mitteln. Diese Art von Fortschritt, was auch als Dekadenz der Verantwortung bezeichnet werden kann, begünstigt vor allem jene, die rücksichtslos das Prinzip der Kapitaloptimierung als oberstes Ziel im Auge haben. Diese Form von Ökonomie hat sich bedauerlicherweise besonders im Westen durchgesetzt, dessen politisches Schwergewicht die Diktatur des Mammons ist.

Die schrankenlose Öffnung des Marktes ist vor allem das Bestreben einer skrupellosen Diktatur des Kapitals ohne

Rücksicht auf Humanität, Ökologie, Umwelt und den sich daraus ergebenden Konsequenzen. Der Ausbeutung von Mensch und Natur werden dadurch die Tore geöffnet, ohne Rücksichtnahme auf die negativen Folgen, die in vielen Fällen nicht mehr reparabel sind.

In früheren Zeiten war die Tätigkeit in der Landwirtschaft das größte Arbeitspotential. Dieses ist in den hoch entwickelten Ländern auf einen sehr kleinen Anteil der Bevölkerung geschrumpft. Bei optimaler Landbeschaffenheit können durch den Einsatz landwirtschaftlicher Großmaschinen, deren Fernsteuerung keine Utopie mehr ist, von einem Landwirt Flächen bewirtschaftet werden, für die früher hunderte gegebenenfalls tausende an Arbeitskräften für deren Bewirtschaftung benötigt wurden.

Internationaler Agrarlandkauf – vollkommen unzureichend ist der Schutz gegen den Landkauf in den vielen unterentwickelten Ländern durch ausländische Personen, Kapitalgesellschaften und Firmen, die sogar im Auftrag eines Staates arbeiten. Die ansässige verarmte Bevölkerung wird oft zum Verkauf genötigt, die bis zur Zwangsenteignung geht. Billige Arbeitskräfte des Landes und großflächige Bewirtschaftung mit Monokulturen, verbunden mit Arbeitslosigkeit, stürzen die dortige Bevölkerung in eine triste Zukunft.

Machtmissbrauch unter dem Deckmantel »demokratischer Entscheidungen« zum Schaden der gesamten Welt, ist ein praktiziertes Übel unserer Zeit. In vielen Fällen ist eine objektive Beurteilung der Situation kaum möglich. Falschinformationen und Verschweigen von Fakten, sowie deren Verharmlosung dienen der Erreichung ökonomischer und politischer Ziele.

Technische Perfektionierung wird zukünftige Kriegsschauplätze prägen. Nicht Menschen, sondern digital gesteuerte Maschinen werden das Töten von Personen entscheiden und durchführen, als wären sie unerwünschtes

Ungeziefer. Die Gefahr liegt darin, wer der »Inhaber« dieser Kriegsmaschinen ist. Auch hier wird Kapital eine entscheidende Rolle spielen. Die USA stand vor der nicht einfachen Aufgabe, die Herrschaft der IS einzuschränken. Der Abzug aus Afghanistan kann als Kapitulation ausgelegt werden.

Die Produktion von Nahrungsmitteln ist von den natürlichen Gegebenheiten wie Lage, Klima, Bodenbeschaffenheit, Niederschlag abhängig. Die zweite Art der Abhängigkeit sind von Menschen entwickelte Produktionsfaktoren.

Der Plastikabfall ist gigantisch. Die Folgen sind mittlerweile selbst in entlegensten Naturregionen erkennbar. Jetzt warnt ein Forscherteam vor den Umweltschäden, die der Welt bevorstehen. Ein drastisches Zurückfahren der Kunststoffproduktion sei unabdingbar. Die negativen Konsequenzen können Langzeitfolgen verursachen, die derzeit nicht erkennbar sind.

Industrielle Fertigung – dieser Bereich versetzt die Welt aus technischer Sicht in ein sehr interessantes Zeitalter, ausgelöst durch die Roboterfertigung. Der Unterschied zu früher ist gravierend. Die Roboterfertigung kennt keine Probleme mit Arbeitszeit, Krankheit und Urlaub. Sie läuft, abgesehen von technischen Pannen, Tag und Nacht. Der wesentliche Vorteil ist zusätzlich die hohe Qualität der Fertigung in Sinne von Genauigkeit und Präzision, die bei manueller Produktion nicht zu erreichen ist.

Laut Untersuchungen ist heute die Sklaverei weiter verbreitet, als zur Zeit des transatlantischen Sklavenmarktes. Die moderne Sklaverei zeichnet sich darin aus, dass die Menschen zur Wegwerfware werden, sobald sie der Sklavenhalter nicht mehr benötigt. Durch die Globalisierung ist eine neue Form der Sklaverei entstanden. Konzerne verlagern ihre Produktion in Entwicklungsländer mit dem Ziel, durch Billigarbeit den Gewinn, somit die Dividende ihrer Aktionäre zu erhöhen. Von dieser kapitalistischen Ausbeutung profitiert vor allem der Kreis der Wohlhabenden, während die Beschäftigten in der Produktion ein tristes Leben fristen. Korruption und bedenkliche Eigentumsstrukturen schränken die Kontrolle ein und in so manchen Staaten schaut dem üblen Treiben die Regierung oder Diktatur, bewusst oder aus Hilflosigkeit, untätig zu. Die Ausnutzung von Steueroasen rundet das Bild der erfolgreichen Ökonomie ab.

Lobbyismus ist die Tätigkeit von Interessensgruppen, Konzernen, Firmen, Vertretungen und auch Staaten gesetzliche Regelungen und politische Entscheidungen in ihrem Sinne und zu ihrem Vorteil zu beeinflussen. Die Varianten der Einflussnahme sind vielfältig, jedoch nicht immer erkennbar und nachweisbar. Kapital, Privilegien und Begünstigungen spielen eine entscheidende Rolle. Auf Moral und Recht wird wenig geachtet. Das Wichtigste ist die Durchsetzung wirtschaftlicher und politischer Ziele, ohne Rücksicht auf verursachte Schäden und Langzeitfolgen. Dieser Einfluss zieht sich durch alle Stufen der politischen Ebenen, bis hin zu weltumspannenden internationalen Vereinbarungen.

Machtmissbrauch unter dem Deckmantel »demokratischer Entscheidungen« zum Schaden der gesamten Welt, ist ein praktiziertes Übel unserer Zeit. In sehr vielen Fällen ist eine objektive Beurteilung der gegebenen Situation schwer möglich. Ursache sind Fehlinformationen, Verschweigen von Fakten, sowie deren Verharmlosung.

Der Wähler unterliegt primär dem Kurzzeiteffekt. Konträres Denken findet man bei einem beachtlichen Teil von Jugendlichen, für die Verbesserung des Klimazustandes als dringende Langzeitwirkung angestrebt wird. Zu beachten sind von der Politik gesteuerte Medien, beeinflusst durch staatliche Förderung.

Zusammenfassend ergibt sich die Erkenntnis, dass ein beachtlicher Anteil Politiker mit ihrer Einstellung keine optimale Grundlage für zukunftsorientiertes Entscheiden und Handeln haben. Es ist daher Zeit Maßnahmen zu treffen, um die Qualität des politischen Agierens zu erhöhen. Digitalisierung ist hier auf ein möglichst hohes Niveau zu bringen zur Kontrolle und Unterstützung von Politik und Verwaltung.

Umweltprobleme sind Ausdruck unserer Gier.

Unsere Umwelt ist eine weitere Herausforderung, mit der die Menschheit konfrontiert ist. Eine Anzahl prominenter Umweltschützer haben ihren Wunsch zum Ausdruck gebracht, die einzelnen Religionen und insbesondere ihre führenden Persönlichkeiten sollten auf diesem Gebiet mehr Initiative zeigen. Dies ist ein Anliegen, das ich voll unterstütze. Meiner persönlichen Meinung nach sind sehr viele Umweltprobleme auf unsere unersättlichen Ansprüche, unseren Mangel an Zufriedenheit und unserer Gier zurückzuführen. In den religiösen Lehren finden sich zahlreiche Unterweisungen darüber, wie man seine Wünsche und Begierden kontrollieren und sein Verhalten zum positiven Denken verändern kann. Die Religionen haben nicht nur das Potential, sondern auch die Verantwortung, einen Beitrag in diese Richtung zu leisten.

Mit dem Herzen denken – Tenzin Gyatso XIV. Dalai Lama

Religionsdiktatur

Kurzfassung: Der Jude Jesus hat nie eine Kirche geründet, geschweige Sakramente erfunden! Kaiser Konstatin hat im Jahre 313 n. Chr. durch das »Mailänder Toleranzedikt« die Verfolgung der Christen beendet. Ihr Machtimperium verdankt die katholische Kirche dem Dekret »Cunctos populos«, das sie am 27. Februar 380 zur römischen Staatsreligion machte. Vertreter anderer Glaubenslehren durfte sie verfolgen und mit dem Tod bestrafen.

Sie verfasste, wie der römische Staat Gesetze und Verordnungen, ähnliche befohlene Verhaltensvorgaben. Diese Texte werden ihren Gläubigen namens Dogmen, 245 an der Zahl und zusätzlich rund 900 Glaubenssätze vorgegeben. Dogmen sind unveränderbar. Glaubenssätze kann der Papst verkünden und verurteilen, somit stornieren.

Von den 245 **Dogmen** sechs ausgewählt.
Gott ist unendlich gerecht.

Gott ist unendlich barmherzig.

Gott ist die absolute wohlwollende Güte.
Die Seelen derer, die im Zustand der schweren Sünde sterben, gehen in die Hölle ein.

Die Höllenstrafe dauert in alle Ewigkeit.

Der Tod ist die Straffolge der Sünde.

Viele Dogmen und Glaubenssätze stehen im Widerspruch zu Vernunft, Humanität und Gerechtigkeit. Regierungen tolerieren diese kriminellen Vorgaben. Sie dokumentieren die Realität der Religion nicht zu erkennen. Per Konkordat und Gesetze sind wir verpflichtet, die Vorgaben des Vatikans ohne Widerspruch zu akzeptieren. Das bedeutet gesetzlich garantierte Willkürherrschaft, abgesichert durch eigenes Kirchenrecht!

Dogmen: Deklarationen ohne Gewissen machen Erkenntnisse nutzlos.

Alfred Pirker

Patent auf Sündenvergabe

Zweistellig ist die Anzahl der Glaubenssätze, die sich auf das Sakrament der Buße beziehen. Einer von diesen lautet: *Wer aber ohne Buße in der Todsünde stirbt, wird ohne Zweifel von der Glut der ewigen Hölle auf immer gepeinigt.*

Mit Hölle und Verdammnis schafft man keine positive Lebenseinstellung, sondern Angst und Furcht. Damit wird von Vertretern der Religion Kapital für ihre Organisation lukriert. Ihr Vermögen ist gigantisch und schwer einsehbar!

Beichte: befohlener Einblick **i**m Cäsarenwahn **h**eiligt **t**otalen Erfolg.

Alfred Pirker

Von Papst em. Benedikt XVI.

VATIKANSTADT , 11 April, 2019 / 2:00 AM

Ohne auf die verschiedenen realitätsfremden Ansichten Seiner pensionierten Heiligkeit einzugehen, die er über mehrere Seiten kundtut, genügen die letzten zwei Sätze seiner Aussagen für ein Gesamturteil.

Unser Nichterlöstsein beruht auf der Unfähigkeit, Gott zu lieben. Gott lieben zu lernen, ist also der Weg der Erlösung der Menschen.

???

Was für einen »Gott« hat seine unfehlbare Heiligkeit in Glaubensfragen erfunden?

Pontifex und Jesuit

Papst Franziskus ist der erste Jesuit, der das höchste Amt der katholischen Kirche erreicht hat. Gegründet wurde der Orden von Ignatius von Loyola (1491 – 1556). Die Ordensbrüder sind sehr aktiv im öffentlichen Leben und ziehen sich in kein Kloster zurück. Sie sind die Soldaten des Papstes und waren in der Zeit der Gegenreformation wahre Kämpfer. So manchen Herrschern sind sie zu mächtig geworden. Der absolute Gehorsam gegenüber der Kirchenaristokratie, insbesondere dem Papst, wird vom Ordensgründer durch den historisch bekannten Leitspruch »Ich werde glauben, dass weiß schwarz ist, wenn es die Kirche so definiert!« deklariert. Schlicht militärischer Gehorsam zum Nutzen der Kirche ohne Wenn und Aber bis zum Lebensende. Als ehemaliger Bediensteter beim Militär würde ich sie als Legionäre des Papstes bezeichnen. Der jesuitische Pontifex ist somit nicht nur der Gehorsame und Ausführende im Sinne der Institution Kirche, sondern zugleich der höchste Befehlshaber des diktatorischen Weltkonzerns.

Die jesuitische Verpflichtung und Praxis ist in seinem Handeln klar erkennbar. Die Flüchtlingspolitik ist zu einem Hauptproblem der Weltpolitik geworden. Mehr Wohlstand in Afrika würde den Drang, die Heimat zu verlassen, reduzieren. Klimaveränderungen und Naturkatastrophen werden zusätzlich die Zukunft prägen. Natürlich sind in erster Linie die afrikanischen Regierungen gefordert, wirksame Maßnahmen zu ergreifen. Selbstkritik im Bereich Entwicklungshilfe ist angebracht. Hier darf auf keinen Fall ein Mitverursacher und dessen Institution ignoriert werden.

Der Herr präsentiert sich als Friedensengel, doch die Realität sieht anders aus. Besonders die südlichen Länder von Afrika haben die stärkste AIDS- Verbreitung. Papst Franziskus hat bei seiner Reise nach Afrika, nachdem er von humanitären Organisationen ersucht wurde den Frauen die Verwendung von Kondomen zu gestatten, folgenden Kommentar (ORF 30.11.2015) von sich gegeben.

»Es gelte das Gebot der Enthaltsamkeit gegen das Verbot des Tötens abzuwägen. Es gehe darum, das Leben zu verteidigen oder den Geschlechtsverkehr, aus dem das Leben kommt.«

Diese Person erlaubt sich Verhütungsmaßnahmen als Totschlag zu bezeichnen. Er entmündigt die Frauen und macht sich mitschuldig an der Bevölkerungsexplosion. Es wäre christliche Pflicht Aufklärung zu betreiben und Verhütungsmittel der armen Bevölkerung gratis anzubieten, schließlich sind mehr als Hälfte der Schwangerschaften nicht gewollt.

Von Europa fordert Papst und Kirche eine großzügige Aufnahme der Flüchtlinge und deren Integration in der Europäischen Union. Als krimineller Mitverursacher des Elends fordert er als »Engel des Friedens« die andere Seite auf, ihr Bestes zu tun um den Flüchtlingen ein humanes Leben zu gewährleisten.

Eine der sichersten Grundfeste ihrer Taktik ist der Bildungsstand der Menschen. Unter diesem Aspekt ist ihre Tätigkeit, besonders in der dritten Welt, noch lange nicht gefährdet. Laut Meldung der vatikanischen Zeitung »LOsservatore Romano« stieg im Zeitraum 2010 bis 2017 die Zahl der katholischen Gläubigen weltweit von 1.196 auf 1.313 Millionen. Das stärkste Wachstum erfolgte in Afrika mit 26,1 Prozent, worauf man besonders stolz ist. Die Europäer stehen immer skeptischer zur Kirche und verlassen sie, daher müssen diese durch gläubige Immigranten ersetzt werden.

Die katholische und die evangelische Kirche in Deutschland werden 2060 nur noch etwa halb so viele Mitglieder haben wie heute. Auch ihre finanziellen Möglichkeiten werden sich in diesem Zeitraum halbieren.

Das geht aus einer Studie des Forschungszentrums Generationenverträge (FZG) der Uni Freiburg hervor, die von der katholischen Deutschen Bischofskonferenz und der Evangelischen Kirche in Deutschland (EKD) am Donnerstag veröffentlicht wurde. Wenn die Prognosen zutreffen, werden in 40 Jahren noch 29 Prozent der deutschen Bevölkerung einer der großen Kirchen angehören, derzeit sind es 54 Prozent. Dabei ist zu berücksichtigen, dass auch die Gesamtbevölkerungszahl zurückgehen wird.

(ORF – Religion vom 02.05.2019).

Nicht Humanität ist den Jesuiten wichtig, sondern der Machterhalt ihrer Befehlszentrale namens Vatikan! Jetzt ist der Soldat Franziskus ihr oberster Befehlshaber!

Die Taufe ist der erste kriminelle Akt im Menschenleben.

Das Taufsakrament deklariert Ungläubige zu Gläubige.
Laut Kirche – Himmel statt Hölle.
Der Täter namens katholische Kirche hält sich für heilig.
Sie beruft sich auf Gott, den sie zu Satan macht.
Alfred Pirker

IS – Gottesstaat

Die IS, Islamischer Staat, oder ISIS, islamische Terrormiliz, ist im Nahen Osten verbreitet. Sie ist zu einer Bedrohung der Welt geworden. Die Mitglieder der Organisation sind Extremisten der sunnitischen Glaubensrichtung des Islam. Sie streben die Errichtung eines islamischen Gottesstaates, ein sogenanntes Kalifat an. Der weltliche wie religiöse Anführer ist der Kalif, der im Koran als »Statthalter Gottes« bezeichnet wird.

Es ist erschütternd, dass im 21. Jahrhundert der Begriff »Gott« derartigen Fehlinterpretationen unterliegt. Man fühlt sich in das tiefste Mittelalter zurück versetzt. Unter »Gott« versteht man das höchste geistige Wesen im Konnex mit Weisheit, Humanität und Frieden. Das Töten und Unterjochen anderer Menschen ist mit Göttlichkeit unvereinbar.

Für europäische Staaten ist das Anwerben von Jugendlichen durch diese Organisation eine Gefahr und Bedrohung. Es ist daher durch Aufklärung, unter aktiver Einbindung von Vertretern der islamischen Religion, diesen Aktivitäten ein wachsames Auge zuzuwenden und aktiv entgegen zu wirken. Werbende Personen sind einer abschreckenden Strafe zuzuführen. Volljährigen, die dieser Terrororganisation beigetreten sind, ist die Staatsbürgerschaft abzuerkennen. Wie junge Mädchen sich zu solchen Schritten entschließen können, ist schwer nachvollziehbar. Mit dieser Entscheidung gehen sie den Weg in die Sklaverei. Rückkehrer dieser Terrororganisation sind unter staatliche Beobachtung zu stellen. Die Gefahr als Aktive für zukünftige Terroranschläge tätig zu werden, ist nicht auszuschließen.

Der wichtigste Weg ist die Verhinderung der Radikalisierung. Das bedeutet die Einbindung der Jugendlichen in die Gesellschaft. Nährboden der Radikalisierung ist der Missbrauch religiöser Wahnvorstellungen. Die Unwissenheit von früher wird in unserer Zeit durch gesellschaftlichen Frust und verlorenes Selbstwertgefühl ersetzt. Doch das Spiel ist vom System her das gleiche geblieben. Religiöse Phantasie wird nach wie vor missbraucht, um für einen kleinen Kreis von Personen ihr Streben nach Macht und Einfluss dem angestrebten Ziele näher zu bringen. Das hindert sie nicht daran, göttliche Eigenschaften in Grausamkeit bis zum Exzess ausarten zu lassen.

Voraussetzung Ehrlichkeit

Lebensqualität ist das Resultat verschiedener Kriterien. Diese stellen ein vielseitiges Spektrum von der materiellen Befriedigung bis zur geistigen Einstellung, der Existenz nach dem Tod dar. Das Verhalten für letzteres kann sowohl negativ wie positiv bewertet werden. Gespielte Selbstheiligkeit oder Unterwerfung im Büßerstatus ist keine Gewähr das angestrebte Ziel zu erreichen.

Religion vor Politik ist kein Relikt aus der Vergangenheit, sondern in vielen Staaten nach wie vor Faktum. Auch in der EU wird Religion behandelt, als hätte sie den Status der absoluten Immunität. Ein Zustand, der den Erkenntnissen der Gegenwart widerspricht.

Solange Religion in Konflikt mit Menschenwürde und Gewissen steht, wird sie ein Problem sein. Eine kritische Hinterfragung und Analyse gehört zur Selbstverständlichkeit. Gewissensqualität ist nicht vereinbar mit bedenklichen Theorien zum Zweck der Machterhaltung und des Betruges.

Scenario Gegenwart: Der überwiegende Teil der jetzt lebenden Menschen in Deutschland und Österreich wurde vom Weltkrieg verschont oder hat nur Kindheitserinnerungen. Wir leben in einem Wohlstand, der in vielen Ländern der Erde nicht gegeben ist. Haben sie sich schon einmal gefragt »warum bin ich hier und nicht in Nordkorea, Äthiopien oder einem ähnlichen Land geboren worden?«

Was ist der Grund für dieses Glück des Lebens?

Auf diese Frage eine Antwort zu finden ist nicht möglich. Manche Religionen erklären dieses Faktum mit Karma in Verbindung mit Reinkarnation. Von anderer Seite betrachtet, verfügt eine kleine Anzahl Milliardäre über mehr Vermögen als die ärmere Hälfte der gesamten Weltbevölkerung! Diese Situation wird sich in Zukunft durch die Diktatur des Kapitals noch verschärfen, deren Sklaven schon ein beachtlicher Teil der Menschen geworden ist.

Globalisierung kann im humanitären Sinne begrüßt werden, jedoch ohne Kontrolle zu Ausbeutung, Landraub und Verelendung führen. Abschottung nach außen mittels gesicherter Grenzen, darf nicht in wegschauen ausarten.

Alles was wir brauchen, ist mehr Menschlichkeit.
Das Geld soll dem Menschen dienen, nicht umgekehrt.
Befreiung empfängt man nicht von außen. man er-langt sie selbst.
Dalai Lama

Blick in die Vergangenheit

Sind Sie katholisch? Es gibt einen beachtlichen Anteil von Menschen, der sich Gedanken über die anerzogene Religion macht. Wehren konnte man sich nicht. Die Eltern haben sich entschieden, das Kind taufen zu lassen. Für Katholiken eine Selbstverständlichkeit. Dadurch wurde man, ohne Möglichkeit einer persönlichen Entscheidung, der katholischen Kirche und ihren Glaubensvorgaben ausgeliefert.

Die Theorie der Weltentstehung und Menschwerdung in sieben Tagen war somit vorgegeben. Bildlich wurde uns die Entstehung des Negativen dargestellt. Geprägt wurden wir durch die Vermittlung der Sündhaftigkeit des Menschen. Unsere »Stammeltern« wurden ja der sündhaften Eva wegen, die den Adam verführte, aus dem Paradies vertrieben. Diese Art der märchenhaften Darstellung, mit klug überlegtem taktischem Ziel, durchzieht die gesamte Religionslehre.

Die Geringschätzung und Missachtung der Frau wurde mit dem Beginn der Entstehung der Menschheit in ihrer Theorie fixiert. Der Mensch ist laut katholischer Kirche von Geburt aus mit einer Sünde, der sogenannten Erbsünde, belastet, weil der Stammvater Adam gesündigt hat. Diese

Sünde wird auf all seine Nachkommen vererbt. Ab der Geburt wird ein Erdenbürger von der katholischen Kirche als Sünder deklariert. Gleichzeitig wird durch die Legende der Verführung Evas durch die Schlange, ein Kapitalverbrechen an den Frauen begangen. A priori wird damit die Frau und Mutter der Kinder als verführerisch, sündhaft und minderwertig deklariert. Diese gezielte Taktik dient ihrem Religionssystem der Absicherung des religiösen Patriachats. Alleine der Gedanke dem Begriff »Gott oder Göttlichkeit« einem Geschlecht zuzuordnen, grenzt an Perversität.

Sollte diese Formulierung Sie erheitern, wäre es sehr traurig. Vermutlich ist Ihnen nicht bewusst, dass in vielen Ländern Frauen nach wie vor wie »bessere Haustiere« behandelt werden. Hauptverursacher sind leider immer wieder Religionen, wobei die katholische Kirche ihre historische Frauenverachtung mit dem Scheiterhaufen gekrönt hat. Es ist erst wenige Jahrzehnte her, da wurde auch bei uns im Rahmen der kirchlichen Trauung die Braut vom Pfarrer aufgefordert, dem Manne untertan zu sein!

Das Böse, dargestellt durch Teufel und Hölle, dominiert als Grundpfeiler diese Lehre. Schuld, Sühne und bitten um Vergebung sind die Strategie dem Höllenfeuer zu entgehen. Selbst Säuglinge sind davon betroffen, kommen sie doch mit der Erbsünde auf die Welt! Das Heil ist nur durch ihre Sakramente erreichbar. Grundfeste ihres taktischen und klerikalen Machtzentrums, namens Vatikan in Rom.

Die Kirche hat die Ursprungslehre von Jesus auserwählt, um ihren weltlichen Interessen dienlich zu sein. Jeder Person ihrer Religion, die deren Grundlagen in Zweifel zieht, wurde früher mit der ewigen Verdammnis, heute mit dem Ausschluss, gedroht! Das bedeutet nach ihrer Auslegung, den ewigen Höllenqualen ausgeliefert zu sein. Von der Kirche könnten Marketingstrategen von Großkonzernen noch einiges lernen, wenn es um das Erreichen und Absichern der marktbeherrschenden Stellung geht.

Betrachten wir doch einmal die Lehre Jesus zur Zeit des Urchristentums. Als Urchristentum bezeichnet man die Anfangszeit des Christentums nach Jesus Christus. Sie verstand sich nicht als eigene Religion, sondern als Teil des Judentums. Jesus und seine Apostel waren Juden. Jesus wusste mit Sicherheit nicht, dass seine Lehre die Ausgangsbasis der katholischen Kirche wird. Bei den Urchristen wurde der Dienst für die Gemeinschaft, die Gastfreundschaft, das Beten und Fasten hervorgehoben. Die praktische Nächstenliebe vollzog sich am Dienst an den Ärmsten, Kranken und Verlassenen, den Witwen, Waisen und Sklaven.

Entscheidender Stratege für die neue Religionsausrichtung war der Apostel Paulus. Eine Person, die Jesus nie gesehen, als Saulus die Anhänger der christlichen Urgemeinden verfolgt hat. Unter ihm kam es zur Abtrennung vom Judentum und er war Auslöser größerer Streitereien unter den Aposteln. Er wird zum dominierenden Apostel und prägte die folgende Entwicklung am stärksten. Er wurde somit zum Gründer des Christentums. In der Folge spaltet sich das Christentum während des Konzils von Jerusalem vom Judentum ab. Die verachtende Haltung der katholischen Kirche gegenüber den Juden wurde sehr früh gesät und hat diesem Volk viel Leid gebracht. Noch immer sind mir die Bemerkungen unseres Pfarrers im Rahmen des Unterrichtes in Erinnerung, mit denen er wiederholt darauf verwies, dass unser Erlöser Jesus von den Juden, in Wahrheit waren es die römischen Besatzungssoldaten, gekreuzigt wurde.

Die Aufbruch Phase des Christentums begann im Jahre 313 durch das sogenannte »Mailänder Toleranzedikt«, das mit folgendem Wortlaut beginnt:

»Nachdem wir beiden, Kaiser Konstantin und Kaiser Licinius, durch die glückliche Fügung in Mailand zusammengekommen sind, und uns mit allem befasst haben, was zur öffentlichen Wohlfahrt und Sicherheit gehört, halten wir es für notwendig, unter den Dingen, deren Nutzen für die Allgemeinheit wir erkannt haben, vor allem die Verehrung der Gottheit zu regeln. Wir wollen deshalb sowohl den Christen, als auch überhaupt allen Menschen die freie Vollmacht gewähren, der Religion anzuhängen, die ein jeder für sich wählt, damit die Gottheit auf ihrem himmlischen Throne – was immer ihr Wesen sein mag – uns und allen unseren Untertanen friedlich und gnädig gesinnt sein kann.*

In heilsamer und sicher richtiger Erwägung aller Umstände glaubten wir deshalb folgenden Beschluss fassen zu müssen: Keinem Menschen soll die Möglichkeit verweigert werden, sein Herz entweder dem Kult der Christen zu weihen oder aber der Religion, die er selbst für angemessen hält. So kann uns die höchste Gottheit, nach deren Verehrung wir mit freiem Herzen streben, in allen Dingen wie bisher gnädig und gewogen bleiben.«

Eine Sternstunde für die Kirche war der 27. Februar im Jahre 380. An diesem Tag unterzeichnete der oströmische Kaiser Theodosius I. (347 – 395) in Thessaloniki in Gegenwart des weströmischen Kaiser Valentinian II. (371 – 392) und dessen mitregierenden Halbbruders Gratian (359 – 383) ein Dekret, mit dem das Christentum zur Staatsreligion erklärt und die Ausübung heidnischer Kulte unter Strafe gestellt wurde. Der Wortlaut des Dekrets »Cunctos populos«, bezeichnet als sogenanntes Dreikaiseredikt, beinhaltete nicht nur die Sonderstellung des Christentums, sondern bedauerlicherweise auch die Verfolgung der Andersgläubigen:

Alle Völker, über die wir ein mildes und maßvolles Regiment führen, sollen sich zu der Religion bekehren, die der göttliche Apostel Petrus den Römern überliefert hat, und zu dem sich der Pontifex Damasus klar bekennt wie auch Bischof Petrus von Alexandrien.

Das bedeutet, dass wir gemäß apostolischer Weisung und evangelischer Lehre an eine Gottheit des Vaters, Sohnes und Heiligen Geistes in gleicher Majestät und heiliger Dreifaltigkeit glauben. Nur diejenigen, die diesem Gesetz folgen, sollen katholische Christen heißen dürfen.

Die übrigen, die wir für wahrhaft toll und wahnsinnig erklären, haben die Schande ketzerischer Lehre zu tragen. Auch dürfen ihre Versammlungsstätten nicht als Kirchen bezeichnet werden. Endlich soll sie vorab die göttliche Vergeltung, dann aber auch unsere Strafgerechtigkeit ereilen, die uns durch himmlisches Urteil übertragen worden ist.

Dieser letzte Satz bringt das »göttliche« Empfinden der west- und oströmischen Kaiser zum Ausdruck, das wohl dem päpstlichen Empfinden bezüglich seiner Unfehlbarkeit nicht nachsteht. Die Einführung der Todesstrafe für Nichtchristen im Jahr 380 kostete im Laufe der Jahrhunderte Hunderttausenden das Leben. Diese praktizierte Handlungsweise der Kirche war schon damals ein Kontrast wie Tag und Nacht zur Lehre von Jesus Christus. Ihrer Theorie die Lehre Jesus zu vertreten steht im Widerspruch!

Jesuiten – Soldaten der Kirche

Zur richtigen Einschätzung der kirchlichen Legion namens Jesuiten ihre Gelöbnisformel aus historischen Zeiten:

Ich ... ... (Name des zukünftigen Mitglieds der Jesuiten), werde jetzt, in der Gegenwart des allmächtigen Gottes, der gebenedeiten Jungfrau Maria, des gesegneten Erzengels Michael, des seligen Johannes des Täufers, der heiligen Apostel Petrus und Paulus und all der Heiligen und heiligen, himmlischen Heerscharen und zu dir, meinem geistlichen Vater, dem oberen General der Vereinigung Jesu, gegründet durch den Heiligen Ignatius von Loyola, in dem Pontifikalamt von Paul III. und fortgesetzt

bis zum jetzigen, hervorgebracht durch den Leib der Jung-
frau, der Gebärmutter Gottes und dem Stab Jesu Christi, er-
klären und schwören, dass seine Heiligkeit, der Papst, Christi
stellvertretender Vize-Regent ist; und er ist das wahre und
einzige Haupt der katholischen und universellen Kirche über
die ganze Erde; und dass aufgrund des Schlüssels zum Bin-
den und Lösen, der seiner Heiligkeit durch meinen Erlöser
Jesus Christus, gegeben ist, er die Macht hat, ketzerische
Könige, Prinzen, Staaten, Republiken und Regierungen aus
dem Amt abzusetzen, die alle illegal sind ohne seine heilige
Bestätigung, und dass sie mit Sicherheit vernichtet werden
mögen.

Weiter erkläre ich, dass ich allen oder irgendwelchen Ver-
tretern deiner Heiligkeit an jedem Platz, wo immer ich sein
werde, helfen und beistehen und sie beraten und mein äu-
ßerstes tun will, um die ketzerischen protestantischen oder
freiheitlichen Lehren auf rechtmäßige Art und Weise oder
auch anders auszurotten, und alle von ihnen beanspruchte
Macht zu zerstören.

Ich verspreche und erkläre auch, dass ich nichtsdestoweni-
ger darauf verzichte, irgendeine ketzerische Religion anzu-
nehmen, um die Interessen der Mutterkirche auszubreiten
und alle Pläne ihrer Vertreter geheim und vertraulich zu
halten, und wenn sie mir von Zeit zu Zeit Instruktionen ge-
ben mögen, sie nicht direkt oder indirekt bekanntzugeben
durch Wort oder Schrift oder welche Umstände auch immer;
sondern alles auszuführen, das du, mein geistlicher Vater,
mir vorschlägst, aufträgst oder offenbarst.

Weiter verspreche ich, dass ich keine eigene Meinung oder
eigenen Willen haben will oder irgendeinen geistigen Vor-
behalt, was auch immer, selbst als eine Leiche oder ein Ka-
daver, sondern bereitwillig jedem einzelnen Befehl gehorche,
den ich von meinem Obersten in der Armee des Papstes und
Jesus Christus empfangen mag.

Dass ich zu jedem Teil der Erde gehen werde, wo auch im-

mer, ohne zu murren, und in allen Dingen unterwürfig sein will, wie auch immer es mir übertragen wird ... Außerdem verspreche ich, dass ich, wenn sich Gelegenheit bietet, unbarmherzig den Krieg erkläre und geheim oder offen gegen alle Ketzer, Protestanten und Liberale vorgehe, wie es mir zu tun befohlen ist, um sie mit Stumpf und Stiel auszurotten und sie von der Erdoberfläche verschwinden zu lassen; und ich will weder vor Alter, gesellschaftlicher Stellung noch irgendwelchen Umständen halt machen.

Ich werde sie hängen, verbrennen, verwüsten, kochen, enthäupten, erwürgen und diese Ketzer lebendig vergraben, die Bäuche der Frauen aufschlitzen und die Köpfe ihrer Kinder gegen die Wand schlagen, nur um ihre verfluchte Brut für immer zu vernichten.

Und wenn ich sie nicht öffentlich umbringen kann, so werde ich das mit einem vergifteten Kelch, dem Galgen, dem Dolch oder der bleiernen Kugel heimlich tun, ungeachtet der Ehre, des Ranges, der Würde oder der Autorität der Person bzw. Personen, die sie innehaben; egal, wie sie in der Öffentlichkeit oder im privaten Leben gestellt sein mögen.

Ich werde so handeln, wie und wann immer mir von irgendeinem Agenten des Papstes oder Oberhaupt der Bruderschaft des heiligen Glaubens der Gesellschaft Jesu befohlen wird.«

Quellen:
1. Prof. Dr. Walter Veith, Kapstadt;
2. Ausschnitt aus dem »Schwur der höchsten Weihe« der Jesuiten, aufgeschrieben im Verzeichnis des Kongresses der Vereinigten Staaten von Amerika (House Bill 1523, Contested election case of Eugene C. Bonniwell, against Thos. S. Butler, February 15, 1913, pp. 3215-16)

Katechismus der Katholischen Kirche (1997)
III Gotteserkenntnis nach der Lehre der Kirche

36 *„Die heilige Mutter Kirche hält fest und lehrt, dass Gott, der Ursprung und das Ziel aller Dinge, mit dem natürlichen Licht der menschlichen Vernunft aus den geschaffenen Dingen gewiss erkannt werden kann«* (1. Vatikanisches K.: DS 3004) [Vgl. DS 3026; DV 6.].

Gesteht mit dieser Feststellung die Kirche ein, dass für das Wahrnehmen einer Existenz Gottes menschliche Vernunft ausreicht?

Ist erwiesener Maßen die Handlungsweise der Mutter Kirche nicht sehr unheilig?

Im Gegensatz zu den Religionsvertretern ist uns bewusst, dass wir Suchende nach neuen Erkenntnissen sind. Möge Gott all jenen Menschen, die der Willkür der Kirche überdrüssig, ihr Sehnen nach Gerechtigkeit und Wahrheit mit Barmherzigkeit begegnen.

Der Mensch ist für sich selbst verantwortlich. Es liegt im Interesse jeder Person zu achten, sich von den bedenklichen Vorgaben der Kirche zu deren Nutzen nicht beherrschen zu lassen. Die Amtskirche wird zur Kenntnis nehmen müssen, dass wir uns im digitalen Zeitalter nicht wie Analphabeten von ihr behandeln lassen.

Die evangelische Variante
Der katholische Priester und Reformator Martin Luther versuchte die katholische Kirche entsprechend seinen Vorstellungen zu verändern. Vor allem die bestehende Machtstruktur war ihm ein Dorn im Auge. Die Veränderung erfolgte jedoch nicht im ideologischen Sinne in Form einer Rückführung auf die von Jesus übermittelte Variante des Urchristentums. Martin Luther veränderte nicht den Kern,

sondern modifizierte die bestehenden Ansichten nach seinen eigenen Vorstellungen. Er legte auch so manches konträr dem Evangelium aus. In Europa standen sich durch den Erfolg der Protestanten zwei verfeindete Religionen gegenüber, deren Eskalation in den 30-jährigen Krieg (1618 – 1648) führte. Tausende Tote, Zerstörung und Elend war der Preis. Die Kriegshandlungen sowie dadurch verursachten Hungersnöte und Seuchen verheerten und entvölkerten ganze Landstriche. In Süddeutschland überlebte nur etwa ein Drittel der Bevölkerung. Nach den wirtschaftlichen und sozialen Verheerungen benötigte man rund ein Jahrhundert, um sich von dessen Folgen zu erholen. Die Machtgier der beiden religiösen Gruppen, die sich beide anmaßten die Träger der Lehre Jesus Christus zu sein, demonstrierten damit wie unbekannt ihnen die Grundzüge seiner Lehre waren.

Wer nun als Protestant denkt, die Katholiken nehmen sich ganz schön was heraus, alle zu verwerfen, die nicht das glauben, was ihnen von kirchlicher Seite zu glauben geboten ist, der sollte einmal in seinem Großen Katechismus nachsehen. Dort liest man im zweiten Teil im 3. Artikel, Nr. 66, folgendes:

»Denn was außer der Christenheit ist – es seien Heiden, Türken, Juden oder falsche Christen und Heuchler, ob sie gleich nur [an] einen wahrhaftigen Gott glauben und anbeten, so wissen sie doch nicht, was [= wie] er gegen ihn gesinnt ist, können sich auch keiner Liebe noch Gut[e]s zu ihm versehen, darum sie in ewigem Zorn und Verdammnis bleiben.«

Es ist beachtenswert was man Gott alles zutraut. Er, der Gott der Liebe und Güte, ignoriere Menschen oder Seelen anderen Glaubens oder Ansicht! Von »Zorn« und »ewiger Verdammnis« ist die Rede. Diese Aussage zeigt deutlich, wie unchristlich die Auffassung einer Kirche sein kann und sie Gott für ihre Interessen missbraucht. Auch die Lutherkirche nimmt sich heraus, alle in die ewige Verdammnis zu schicken, die nicht protestantisch sind. Gleicht es nicht einer tragischen Komödie, wenn sich Vertreter christlicher Kirchen gegenseitig verdammen?

Beide Kirchen haben die Ursprungslehre von Jesus Christus nicht wirklich verstanden.

Kontrast Ethik

Die griechischen Gelehrten Sokrates (469-399 v. Chr.) und Aristoteles (384-322 v. Chr.) führten Ethik als philosophische Disziplin ein. Es geht dabei um gerechtes, humanitäres Verhalten im Allgemeinen und in Konfliktsituationen. Im heutigen Sinne umfasst sie mit Achtsamkeit richtig zu entscheiden, von der Einzelperson bis zu Weltmächten und Weltinstitutionen.

Kategorischer Imperativ nach Immanuel Kant, deutscher Philosoph (1724 – 1804): »*Handle nur nach derjenigen Maxime, durch die du zugleich wollen kannst, dass sie ein allgemeines Gesetz werde.*«

Die Fragestellung lautet: »**Was soll ich tun?**« oder »**Wie verhalte ich mich richtig?**«.

Ethik ist Basis für das Verhalten bei Entscheidungen. Je größer der Verantwortungsbereich einer Person oder Institution, umso höher sind die Anforderungen bezüglich Wissen und Erfahrung, um richtige Entscheidungen zu treffen.

Das beginnt auf der Ebene Familie, der Frau – Mann – Kinder – Beziehungen.

Die nächste ist das private wie berufliche Verhalten zu Personen, Themen, Tieren und der Umwelt. Je komplexer die Anforderungen, desto strukturierter ist das Verantwortungspotential. Dies geht von der Einzelperson zum Team, sowie Vorstand eines Konzerns bis zu internationale Organisationen inklusive den Militär und Wirtschaftsmächten.

UN- Resolution 1948 Artikel 1 lautet: *Alle Menschen sind frei und gleich an Würde und Rechten geboren. Sie sind mit Vernunft und Gewissen begabt und sollen einander im Geiste der Brüderlichkeit begegnen.*

Es wäre Zeit internationale Konzerne per Gesetz zu verpflichten Falschinformationen nicht zuzulassen. Der Einsatz von KI (Künstliche Intelligenz) ist eine Selbstverständlichkeit. In Zukunft wird KI eine Basis für Optimierung sein. Das bedeutet sachliche und ethische Kontrolle vor Veröffentlichung. Natürlich sind Informationen intern nicht anonym, sondern mit eindeutiger Quelle zu kennzeichnen. Rechtlich ist für Personen mit besonderer politischer Verantwortung eine Institution zu schaffen, die entscheidet, ob die Handlungsfähigkeit im ethischen Sinne gegeben ist. Die Realität bestätigt die Notwendigkeit. Abgeordnete einer Regierung haben zu erkennen, dass diese keine Theaterbühne für tragische Komödien oder Selbstdarstellung sein darf.

Ein ähnliches Entscheidungssystem sollte auch für den internationalen Warenverkehr zum Einsatz kommen, um gravierende Nachteile für Länder und Völker zu verhindern. Hungerlöhne und moderne Sklaverei zu Gunsten internationaler Konzerne und Länder sind eine Gefahr für Humanität und Umwelt. Ethik muss im öffentlichen Bereich einen hohen Stellenwert bekommen. Damit verbunden ist selbstverständlich auch Kontrolle.

Schwerster Missbrauch ist bedauerlicherweise dort zu finden, wo Staaten eine gesetzliche Anerkennung und Finanzierung gewähren. Glaubenslehren werden in der Regel per Gesetz anerkannt, wenn eine entsprechende Mitgliederzahl erreicht wird. Nicht der Inhalt ist das Hauptkriterium, was aus ethischer Perspektive eine Selbstverständlichkeit sein sollte. Besonders gefährlich wird es, wenn die Staatsführung der religiösen Obrigkeit untersteht. Ohne auf das Thema einzugehen, genügt es den Namen Iran zu erwähnen.

Kirchlichen Institutionen wird bezüglich ihrer Lehre Narrenfreiheit gewährt. Das ist mit Ethik unvereinbar. Theologie wird von der katholischen Kirche als höchste aller Wissenschaften verkauft. Macht und Kapital sind ihr angestrebte Ziel. Natürlich wurde die Lehre den Konzerninteressen angepasst, wozu taktische Vorgaben konstruiert und Legenden erfunden wurden. Das Wichtigste ist die Abhängigkeit der Gläubigen von den Vertretern der Kirche. Analytisch betrachtet findet man wenige Glaubenslehren, die mit Ethik in Einklang zu bringen sind.

Möge verantwortlichen Personen und Institutionen endlich klar werden, dass Theologie durch Ethik ersetzt werden muss. Ihr ist in allen Wissenschaften Priorität zu gewähren, wenn es um zukunftsorientiertes Handeln geht. Kontrollfunktion in annähernd allen Bereichen ist ohne KI nicht zu realisieren. Gefährliche und schädigende Aktivitäten sind zu erkennen und Korrekturen einzuleiten. Helfen Sie mit, dass Ethik Vorrang bekommt.

Der derzeitige Erfolg ist sehr bescheiden. Ethik ist der Forschungsbereich Fehler menschlicher Aktivitäten wahrzunehmen. Das beinhaltet auch die Wahrnehmung von Gefahren, die gegenwärtig nicht als Problem erkannt werden. Das Nichterkennen wird oft verursacht, da es aus bestimmten Gründen nicht angesprochen und ignoriert wird.

Als praktisches Beispiel sei die gesetzliche Mindestsicherung angeführt.

Die staatliche Absicherung des Unterhaltes kann, besonders bei der jüngeren Generation, einen bedenklichen Einfluss auf den Lebensverlauf nehmen. Was auch immer die Gründe sind, keine Arbeit zu bekommen oder anzunehmen. Das Kriterium Zeit und deren sinnvolle Nutzung ist sehr wichtig im Leben eines Menschen. Untätigkeit und das Gefühl nicht gebraucht zu werden, können Potential für bedenkliche Aktivitäten schaffen. Für eine soziale Eingliederung ist Vorsorge zu treffen. Anderenfalls droht die Entwicklung einer Gesellschaftsgruppe, die zwar finanziell mit dem Notwendigsten versorgt ist, jedoch bedenkliche Aktivitäten als Zeitvertreib ausüben!

Junge Menschen beschäftigen und der Kontakt zur Gemeinschaft ist eine Notwendigkeit. Für Personen mit sozialer Einstellung bietet sich der Bereich der Alten- und Behinderten Begleitung sowie Pflege an. Darin steckt ein hohes Potential an Möglichkeiten. Diverse Dienste, die von Zivildienern versehen werden, sind auch diesem Personenkreis anzubieten. Unterstützende Dienste können im Kommunalbereich als Möglichkeit der Eingliederung dienen. Im Rahmen der Abfallentsorgung ist das Aufbereiten von Computern, Fernsehern und ähnlicher Geräte eine durchaus sinnvolle Beschäftigung, um Material für Wiederverwendung zu gewinnen. Natürlich darf eine Weiterbildung nicht aus dem Blickpunkt gelassen werden. Wichtig ist das Erreichen einer persönlichen Motivierung und positiven Lebenseinstellung.

Politisch bleibt das Faktum, dass die finanzielle Absicherung alleine keine Lösung ist. Ohne soziale Einbindung können diese Personen die Quelle für weitere Sozialfälle werden. Der Versuch Personen in den Arbeitsprozess einzugliedern ist im Falle einer gelungenen Integration sowohl ein gesellschaftlicher, wie auch ein finanzieller Erfolg, besonders für die Betroffenen.

Zukunftsprobleme

International betrachtet geht es um wichtigere Fakten. Das Wachstum der Weltbevölkerung und die Güterproduktion nähern sich bedenklichen Grenzen. Die dadurch verursachte Klimaveränderung und deren Folgen sind nicht mehr rückgängig zu machen. Selbst wenn sich die EU bemüht, entsprechende Verbesserungen zu erreichen, sie hat nur einen kleinen Anteil an der Weltbevölkerung.

Im Jahre 1900 gab es zirka 1,6 Milliarden, derzeit sind es 7,8 Milliarden, die bis 2050 sich auf etwa 9,7 Milliarden vermehren werden.

Durch die Klimaveränderung werden große Gebiete der Erde in Zukunft weder bewohnbar noch landwirtschaftlich nutzbar sein. Waldbrände werden zunehmen und auch Siedlungsgebiete vernichten. Das Schmelzen des Polareises wird das Niveau der Meere entsprechend erhöhen.

Gleichzeitig findet ein Wettrüsten der Militärmächte statt, das Milliarden verschlingt. Die Forcierung des militärischen Potentials hat Priorität und menschliche Notsituationen werden politisch wenig beachtet. Eine Vorgangsweise, die weder mit Ethik noch Humanität in Einklang steht.

Weltmacht Nr. 1
Diese Aktivitäten hat die größte und reichste Wirtschaftsmacht der Welt zu verantworten, die sich »Demokratie« nennt und die Freiheitsstatue als nationales Symbol vor New York präsentiert. Das politische Kriterium »Demokratie« bietet keine Gewähr gerecht und verantwortungsvoll zu handeln.

Ein mutiger Historiker und Friedensaktivist ist der Schweizer Dr. Daniele Ganser.

Auf youtube.com/watch?v=3QX7QKqAjE0 präsentiert er unter dem Titel »Aufwachen mit Daniele Ganser« die demokratischen »Qualitäten« der Weltmacht USA.

Am 8. September 2017 sprach der Schweizer Friedensforscher in der Erlöserkirche von Kaiserslautern im Rahmen der Demonstration »Stopp Air Base Ramstein«. In 14 Minuten erklärt der Historiker die Grundzüge des US-Imperialismus.

1948 hat die CIA die Wahlen in Italien manipuliert. Das darf man nicht.

1953 haben die USA im Iran die Regierung gestürzt. Das ist illegal und ein Verstoß gegen das UNO-Gewaltverbot.

1954 haben die USA die Regierung in Guatemala gestürzt. Das ist illegal und ein Verstoß gegen das UNO-Gewaltverbot.

1961 haben die USA mit der Invasion in der Schweinebucht versucht, die Regierung von Fidel Castro in Kuba zu stürzen, was illegal war.

1964 haben die USA Vietnam angegriffen und das Land während 11 Jahren bombardiert. Das war illegal und ein Verstoß gegen das UNO-Gewaltverbot.

1973 haben die USA in Chile die Regierung von Salvador Allende gestürzt. Das war illegal und ein Verstoß gegen das UNO-Gewaltverbot. 1979 haben die USA in einem verdeckten Krieg in Afghanistan radikale Muslime, darunter Osama Bin Laden, bewaffnet. Diese Mudschaheddin kämpften gegen die Sowjetunion, die in Afghanistan einmarschiert war, was auch illegal war.

1979 haben die USA im Irak Saddam Hussein an die Macht verholfen und ihn 1980 beim Angriff auf den Iran unterstützt.

1986 wird im Rahmen der Iran Contra Affäre bekannt, dass die USA auch Waffen an den Iran liefern, und damit beide Kriegsparteien bewaffnen.

1986 bombardieren die USA Libyen. Das ist illegal.

1990 fällt der irakische Diktator Saddam Hussein in Kuwait ein. Kurz zuvor hatte die US-Botschafterin April Glaspie ihm zugesichert, er könne seine Grenzstreitigkeiten so lösen wie er das für richtig halte.

1999 nimmt die Bundeswehr erstmals wieder an einem Angriffskrieg teil und bombardiert zusammen mit den USA Serbien, was illegal und ein Verstoß gegen das UNO-Gewaltverbot war.

2001 beginnen die USA nach den Terroranschlägen vom 11. September den sogenannten »Krieg gegen den Terror«. Obschon diese Anschläge und der Einsturz von WTC7 bis heute nicht geklärt sind, zieht die Bundeswehr zusammen mit den USA in den Krieg gegen Afghanistan.

2003 greifen die USA den Irak an. Das war illegal. Der Krieg fordert mehr als eine Million Tote.

2011 greifen die USA, Frankreich und die Briten Libyen an. Die NATO ist ein Angriffsbündnis und eine Gefahr für den Weltfrieden.

2011 fängt der Syrienkrieg an. Die CIA bewaffnet im Rahmen der Operation Timber Sycamore alle Gegner des sy-

rischen Präsidenten Assad, der aber nicht gestürzt werden kann, weil Russland und Iran ihn schützen.

2014 führen die USA einen illegalen Putsch in der Ukraine durch, um das Land in die NATO zu ziehen.

In seinem Schlusswort erklärt Daniele Ganser, dass der US-Imperialismus eine Gefahr für den Weltfrieden ist.

Die Friedensbewegung, die in allen Ländern existiert, dürfe sich nicht spalten lassen, sondern müsse ihre Stimme gegen diese vielen Kriege erheben.
Durch Geburt gehöre jeder zur Menschheitsfamilie und das Leben sei heilig.

Als Retter präsentierten sich die USA und der damalige Präsident Georg W. Busch der Welt, indem sie vor den Folgen der im Irak erzeugten Massenvernichtungswaffen warnten. Es war ihre Pflicht durch militärisches Eingreifen den Mittelmeerraum zu schützen. Nach dem Schema so mancher Religionstheorie, wir sind die Guten – die anderen die Bösen, wenn es darum geht, den eigenen Macht- und Einflussbereich zu vergrößern.

Für diese folgenschwere Entscheidung wurde bewusst die Unwahrheit der Welt präsentiert, um die wahren Interessen zu verschleiern und das militärische Eingreifen im Irak zu rechtfertigen.

Dieses Vorgehen erinnert an Hitlers Taktik der vorgetäuschten Rechtfertigung des Einmarsches in Polen. SS-Männer überfielen in polnischen Uniformen am 31. August 1939 den deutschen Sender Gleiwitz.

Am 1. September 1939 griffen deutsche Sturzkampfbomber als Vergeltung die polnische Stadt Welun an. Das war der Beginn des 2. Weltkrieges.

NATO – Garant für Sicherheit?

Hauptaufgaben der NATO liegen im Bereich der Sicherheits- und Verteidigungspolitik, der Konfliktverhütung und Krisenbewältigung, sowie der Abrüstung und Rüstungskontrolle.

Die NATO wird von den USA dominiert. Viele demokratische Staaten sind Mitglieder. Die Kriterien Konfliktverhütung und Abrüstung dürfte wohl eine untergeordnete Rolle spielen. Oder werden sie als Tarnkappen für ausgeklügelte Aktivitäten benutzt? Vorrang hat die Absicherung der USA als Weltmacht.

Wie ist es erklärbar, dass die militärischen Verbrechen der USA von den Mitgliedern akzeptiert, ja sogar noch unterstützt werden?

M. Gorbatschow »Wir sind eine Menschheit«

In einem exklusiven Auszug (Readers Digest, Februar 2017) aus seinem neuen Buch weist Friedensnobelpreisträger Michail Gorbatschow uns den steinigen Weg in eine Zukunft ohne Krieg.

Die gegenwärtige Zuspitzung der internationalen Lage ist tatsächlich besorgniserregend. Doch die Abkühlung zwischen Russland und dem Westen hat nicht heute angefangen. Sie wurzelt in den frühen 1990er Jahren. Nachdem wir – durch gemeinsame Anstrengung von Ost und West – den kalten Krieg beendet hatten, erwarteten viele, dass diese historische Leistung mit zunehmendem Vertrauen und allgemeiner Verbesserung der Beziehungen zwischen Staaten einhergehen und dass sie auch nachhaltig gesichert würde.

Stattdessen verlief die Entwicklung in entgegengesetzter Richtung. Nach meiner Überzeugung fing alles damit an, dass die westlichen Mächte, vor allem die USA, Ereignisse wie den Zerfall der Sowjetunion und die Beendigung der Konfrontationspolitik falsch eingeschätzt haben. Sie haben sich schlichtweg zu den Siegern des kalten Krieges erklärt. Daraus wurde die Schluss-

folgerung gezogen, noch stärker zu werden und die militärische Überlegenheit noch mehr zu steigern.

Wir erleben heute Zeiten der Wirren. Und gerade deshalb, weil wir aus der Vergangenheit nicht lernen, fallen wir immer wieder in die alten Denk- und Verhaltensmuster zurück. Dabei ist es gar nicht so lange her, dass die Welt bereit war zu einem »neuen Glauben« zu konvertieren und sich die Leitsätze des Neuen Denkens eigen zu machen. Angestoßen hatte dies unser Land mit seiner Perestroika. Doch die Idee an sich ist viel älter.

Durch die Rückkehr zur Politik der Stärke hat niemand gewonnen, doch verloren haben dabei alle.

Michail Gorbatschow war im politischen Sinne der größte Meilenstein der letzten Jahrzehnte. Sein Werk hat unveränderbare Fakten geschaffen. Die Bezeichnung »**Zar des Friedens**« ist keine Übertreibung. Die Welt bedankte sich bei ihm mit dem Nobelpreis für Frieden. Den Bürgern der BRD wird er in ihrer Geschichte einen besonderen Ehrenplatz einnehmen.

Privat verstand sich Michail Gorbatschow mit seiner Frau Raissa, gestorben 1999 in Münster, als wären sie permanent in den Flitterwochen gewesen.

Die derzeitige Diktatur des Kapitals als dominierende kommerzielle und politische Kraft ist aus ethischer Sicht ernstlich in Frage zu stellen. Die Qualität unserer Zukunft wird von einer Änderung des Systems abhängen. Wie möglichst humane und Umwelt gerechte Lösungen zu realisieren sind, wird eine Zukunftsaufgabe mit hoher Priorität sein.

Es ist davon auszugehen, dass die drohende Weltkatastrophe nicht verhindert, jedoch gemildert werden kann. Problemen dieser Art werden demokratische Regierungen nicht gewachsen sein, da sie vor allem von der Wählergunst abhängig sind. Eine Kombination der Entscheidungsfindung mit künstlicher Intelligenz wäre eine sinnvolle Alternative.

Alleine die derzeitige Einkommensverteilung ist ein ethisches Hauptproblem. Die Reichen werden reicher und der Durchschnitt der Bevölkerung ärmer. Obwohl China keine demokratische Regierung hat, ist sie in humanitären Bereichen dem Westen voraus. Keine Nation war in der Bekämpfung der Armut so erfolgreich wie China.

Umweltverschmutzung und die Vernichtung des Regenwaldes stärken den negativen Verlauf. Nicht inkludiert sind dabei Schadstoffe in Luft und Meer, siehe Plastik, deren Konsequenzen derzeit noch nicht absehbar sind. Zukünftige Maßnahmen können das nicht verhindern, sondern bestenfalls die Folgen mildern.

Korrektes Leben in Achtsamkeit ist streben nach Wahrheit und Bescheidenheit. Das inkludiert auch Schmerz und Leid, wenn negative Fakten erkannt werden. Das Streben nach Qualität und Humanität möge Kennzeichen unserer geistigen Einstellung sein.

Ethische Grundsätze

Jeder Mensch hat ab Geburt gleiche Rechte. Konfessionen, die das nicht beachten, handeln rechtswidrig. Ausschließlich die mündige Person entscheidet über eine religiöse Mitgliedschaft.

Das Handeln einer Person, Personengruppe oder Weltmacht unterliegt der ethischen Pflicht Humanität, Gerechtigkeit und Verantwortung Vorrang zu geben.

***

Du bist verantwortlich für dein Denken, Reden, Schreiben und Handeln gegenüber dir, dem Nächsten, der Gesellschaft und der Umwelt.

Befindet sich Unrecht, Bedenkliches und Leid in deinem Einflussbereich, schau nicht weg, sondern werde aktiv.

Alfred Pirker

Legende Sündenfall

Die katholische Kirche untermauert die Legende vom Sündenfall von Adam und Eva mit einem Dogma, das nach kirchlicher Ansicht immerwährende göttliche Wahrheit darstellt.

»Alle erbsündigen Menschen sind dem Gesetz des Todes unterworfen«

Wir können also glücklich sein, dass Eva den Adam verführt und mit ihm gesündigt hat, sonst wären die gesamten Vorfahren noch am Leben. Nach kirchlicher Ansicht hat das erste Menschenpaar ca. 6000 Jahre vor Christus gelebt. Leicht daneben um einige hunderttausend Jahre. Die Schöpfungsgeschichte, begleitet vom Rippensyndrom zur Erschaffung von Eva, hört sich ja beinahe lustig an. Real betrachtet kann man die praktizierte Auslegung als Verbrechen bezeichnen. Diese Paradiestragödie dient der Kirche zur Festigung ihres patriarchalen Systems und der Unterwerfung der Frau dem Manne. Es ist ein Verbrechen, die Frau als Verführerin und Sünderin darzustellen!

Der Apostel Paulus hat die historische Kirche am stärksten geprägt. Er war Wegbereiter für die Unterdrückung der Frau gemäß seiner Anordnung »Der Mann ist das Haupt der Frau« aus dem 1. Korintherbrief (11,3). Sollten Sie die Formulierung Verbrechen übertrieben finden, dann lesen sie das Buch von Karlheinz Deschner »Das Kreuz mit der Kirche – Eine Sexualgeschichte des Christentums«. Sie werden vermutlich zum Schluss kommen, dass die Bezeichnung »Verbrechen« zu milde, sondern als historisches »Kapitalverbrechen« zu deklarieren ist!

Wie weit hat man sich von der Lehre Jesus entfernt? Oder kritisch hinterfragt, was hat die katholische Kirche mit der Ursprungslehre von Jesus Christus überhaupt noch gemeinsam? Prachtbauten, eine Hierarchie der Würdenträger, Dogmen und Glaubenssätze, eigenes Kirchenrecht mit Kirchengericht und die vollkommene Abhängigkeit ihrer Gläubigen vom Priesterstand sind Kennzeichen der katholischen Kirche. Der Vatikan, genannt katholische Amtskirche, missbraucht die Ursprungslehre von Jesus dazu, das päpstliche Herrschaftssystem zu errichten und zu festigen?

Jesus lehrte das aufrichtige, achtsame Handeln und Agieren nach der Devise »liebe Deinen Nächsten, wie Dich selbst«.

Die Verbreitung und Ausübung dieser christlichen Lehre war begleitet von Unterdrückung und Verfolgung im römischen Reich. Selbst kaiserliche Anordnungen konnten ihre Integration in der römischen Gesellschaft nicht verhindern. Das Ende dieses Zustandes verdankt die Kirche vor allem Kaiser Konstantin. Der Beweggrund dafür waren für ihn vor allem politische und militärische Überlegungen im Sinne der Stabilisierung des römischen Reiches. Im Jahre 313 wurde die Christenverfolgung unter Kaiser Konstantin durch das sogenannte »Mailänder Toleranzedikt« beendet.

Mit der Deklaration im Jahre 380 zur römischen Staatsreligion wurde der katholischen Kirche die Basis für ihre über Jahrhunderte ausgeübte Willkürherrschaft gegeben. Bei Streitigkeiten, siehe göttliche Dreieinigkeit, hat der römische Kaiser, der auch oberster Bischof war, persönlich eingegriffen und die gültige Entscheidung festgelegt. Das römische Reich war mit Gesetzen und Verordnungen ausgestattet. Ähnliches erfolgte auch für die katholische Kirche durch Verkündigung der ewig gültigen Glaubensvorgaben namens Dogmen. Zusätzlich wurden Glaubenssätzen konstruiert, um das Verhalten ihrer Gläubigen bis ins kleinste Detail zu regeln. Der Kirchenaristokratie unterstanden die Gläubigen wie Leibeigene.

Sie errichteten damit eine Basis, die heute ihre Glaubwürdigkeit zu recht in Frage stellt. Den Gipfel der kirchlichen Macht stellt die Zeitepoche dar, in der selbst Kaiser nur mit Zustimmung des Papstes gekrönt werden durften. Auf diverse päpstliche Regenten einzugehen, ist nicht die Absicht. Doch einer verdient es wirklich erwähnt zu werden. Rodrigo de Borgia, Papst Alexander VI., seine Amtszeit war geprägt von Machtmissbrauch, lasterhaftem Leben, Korruption und Vermögensanhäufung. Er war ein Meister der Rhetorik, strategischen Taktik, der genießenden Lebensführung und Korruptionspraxis. Was man bei ihm versäumt hat, war seine »Unheilig – Sprechung«, die für so manchen hohen Würdenträger der katholischen Kirche angebracht wäre.

Ihm wurde in den Jahren (2002 – 2003) eine Ausstellung in Rom unter dem Titel »Die Borgia – die Kunst der Macht« gewidmet.

Päpstliche Unfehlbarkeit
schafft Vernunft ab

Dogmen sind konstruierte Vorgaben zur Absicherung des strategischen Machtsystems, die unveränderlich und für immer gültig sind. Die katholische Kirche erklärt den Begriff Dogma laut dem Lehrbuch für theologische Fakultäten »Grundriss der Dogmatik« von Ludwig Ott mit folgenden Worten:

Unter Dogma versteht man eine von Gott unmittelbar geoffenbarte Wahrheit, die vom kirchlichen Lehramt als solche zu glauben vorgelegt wird. Die betreffende Wahrheit muss unmittelbar von Gott geoffenbart und darum in den Offenbarungsquellen, in der Heiligen Schrift oder in der Tradition, enthalten sein. Die Vorlage durch das kirchliche Lehramt schließt nicht bloß die Bekanntgabe der Glaubenslehre in sich, sondern auch die Verpflichtung, die vorgelegte Wahrheit zu glauben. Die Dogmen werden in zwei Gruppen eingeteilt. Zu den ersteren gehören die Fundamentalwahrheiten des Christentums, zu den letzteren darin enthaltene Einzelwahrheiten. Die ersteren müssen von allen zur Erlangung des ewigen Heiles explicite (ausdrücklich, eindeutig) geglaubt werden, für letztere genügt die fides implicita (glaube, was auch immer die Kirche lehrt).

Die Definition der Unfehlbarkeit des Papstes in Glaubensfragen, verkündet am 18. Juli 1870 unter Papst Pius IX., lautet:

*Zur Ehre Gottes, unseres Heilands, zur Erhöhung der katholischen Religion, zum Heil der christlichen Völker lehren und erklären wir **endgültig** als von Gott geoffenbarten Glaubenssatz, in treuem Anschluss an die vom Anfang des christlichen Glaubens her erhaltene Überlieferung, unter Zustimmung des heiligen Konzils:*

Wenn der römische Papst in höchster Lehrgewalt (=ex cathedra) spricht, das heißt: wenn er seines Amtes als Hirt und Lehrer aller Christen waltend in höchster apostolischer Amtsgewalt endgültig entscheidet, eine Lehre über Glauben oder Sitten sei von der ganzen Kirche festzuhalten, so besitzt er auf Grund des göttlichen Beistandes, der ihm im heiligen Petrus verheißen ist, jene Unfehlbarkeit, mit der der göttliche Erlöser seine Kirche bei endgültigen Entscheidungen in Glaubens- und Sittenlehren ausgerüstet haben wollte. Diese endgültigen Entscheidungen des römischen Papstes sind daher aus sich und nicht aufgrund der Zustimmung der Kirche unabänderlich.

Vom selben Papst Pius IX. wurden 1864 folgende Glaubenssätze verurteilt, somit abgeschafft, was offensichtlich eine strategische Vorarbeit für das von ihm verkündete Dogma seiner eigenen »Unfehlbarkeit« war.

RN 22: *Die menschliche Vernunft entscheidet aus sich ohne Rücksicht auf Gott, über wahr und falsch, Gut oder Böse. Sie ist sich selbst Gesetz und genügt mit ihren natürlichen Kräften für das Glück der Menschen und der Völker.*

RN 23: *Alle Wahrheiten der Religion leiten sich aus dem natürlichen Vermögen der menschlichen Vernunft ab. Sie ist also der erste Maßstab, nach dem der Mensch alle Wahrheiten in jeder Ordnung erkennen kann und muss.*

RN 24: *Die göttliche Offenbarung ist unvollständig und daher einem steten unbegrenzten Fortschritt unterworfen, der dem Fortschritt menschlicher Vernunft entsprechen muss.*

RN 25: *Die menschliche Vernunft steht mit der Religion auf einer Stufe. Die theologischen Fächer müssen daher genauso behandelt werden wie die philosophischen.*

RN 26: Alle christlichen Glaubenssätze sind ohne jeden Unterschied Gegenstand des natürlichen Wissens oder der Philosophie. Wenn die menschliche Vernunft in rein geschichtlicher Entwicklung gebildet ist, kann sie aus ihren natürlichen Kräften und Grundsätzen zu einem wahren Verstehen aller, auch der geheimnisvolleren Glaubenssätze gelangen. Bedingung ist einzig, dass ihr die Glaubenssätze als Gegenstand gegeben werden. Es ist beachtlich, welchen Stellenwert der menschlichen Vernunft eingeräumt wurde.

Das letzte Dogma »die leibliche Aufnahme der Jungfrau Maria in den Himmel« wurde am 1. November 1950 durch Papst Pius XII. verkündet. Es verdankt seine Existenz dem Dogma der Unfehlbarkeit des Papstes in Glaubensfragen. Nur durch die Berufung auf seine Unfehlbarkeit konnte der Papst seine göttliche Inspiration oder persönliche Illusion gegen die Meinung des Kardinalskollegiums folgenden Inhalts durchsetzen:

Wir verkünden, erklären und definieren es als ein von Gott geoffenbartes Dogma, dass die unbefleckt, allzeit jungfräuliche Gottesmutter Maria nach Ablauf ihres irdischen Lebens mit Leib und Seele in die himmlische Herrlichkeit aufgenommen wurde.

Hier wird menschliche/r Irrtum oder Wahnvorstellung als göttliche Wahrheit definiert! Durch die Dogmatisierung der Meinung einer Einzelperson, namens »Heiliger Vater«, wird seine Handlung jener einer göttlichen Instanz gleichgesetzt. Ein weiterer Effekt ist die Akzeptanz des Willens seiner Heiligkeit beim gläubigen Volk auf dogmatische Weise ohne Widerspruch durchzusetzen. Wenn ein Papst offiziell seine Meinung dogmatisiert, ist diese Ansicht unveränderbares Gebot und darf nicht weiter hinterfragt werden.

Siehe dazu »Ludwig Ott, »Grundriss der theologischen Dogmatik«, Abschnitt »Einleitung in die Dogmatik« § 7 »Die theologischen Meinungen«:

Eine bisher umstrittene Frage hört auf, Gegenstand der freien Beurteilung zu sein, wenn das kirchliche Lehramt klar zugunsten der einen Ansicht Stellung nimmt. Pius der XII. erklärt in der Enz. »Humani generis« 1950: »Wenn die Päpste in ihren Akten absichtlich ein Urteil über eine bislang umstrittene Frage aussprechen, dann ist es für alle klar, dass dies nach der Absicht und den Willen der Päpste nicht mehr der freien Erörterung der Theologen unterliegen kann«.

Ist diese Einstellung nicht eine Provokation Gottes, wenn sich sein Stellvertreter in den Status der Unfehlbarkeit erhebt und gleichzeitig seine Ansicht als unverrückbare Glaubenstatsache widerspruchslos für immer zu akzeptieren fordert?

Sind doch dem lieben Gott selbst, siehe Schöpfungsgeschichte, Fehler passiert. Er schuf einen nicht perfekten Menschen, sonst würde er keine Sündenvergebung benötigen. Die Durchsetzung des Willens der hierarchischen Spitze über Jahrhunderte ergab eine nicht veränderbare Vorgabe der kirchlichen Herrschaft. Diese Form der inhaltlichen Fixierung und der Ausschaltung jeder Korrektur bestätigt in der historischen Entwicklung, dass die »Unfehlbarkeit« die sicherste Bestätigung der Fehlbarkeit des Systems und somit des eigenen Desasters ist. Abgesichert wird diese Vorgangsweise mittels Glaubenssätze, wodurch Kritik und Infragestellung strengstens untersagt wird.

RN 49: *Wer sagt, die Menschenvernunft sei so unabhängig, dass ihr der Glaube nicht von Gott befohlen werden könne, der sei ausgeschlossen.*

RN 85: *Wer nicht die ganze kirchliche Überlieferung annimmt, die geschriebene wie die ungeschriebene, der sei ausgeschlossen.*

Bei der Allgemeinen I. Kirchenversammlung im Vatikan, 3.

Sitzung im Jahr 1870 wurde unter anderem auch folgender Text festgelegt:

RN 98: *Wer nicht alle Bücher der Heiligen Schrift mit allen ihren Teilen, wie sie die Kirchenversammlung in Trient (1545) anführte, als heilige kanonische Schriften anerkennt oder wer leugnet, dass sie von Gott eingegeben sind, der sei ausgeschlossen.*

Durch die Zementierung der Dogmen als unwiderrufliche göttliche Wahrheiten hat sich die katholische Kirche jegliche Möglichkeit einer Korrektur und Anpassung an neuen Erkenntnissen vergeben und ihre Lehre in den Status der ewig währenden Gültigkeit erhoben. Nichtkorrigierbarkeit wird von der Neurowissenschaft im engen Konnex mit Wahn in Verbindung gebracht, was man in diesem Falle auch als Größenwahn bezeichnen kann. Diese seit Jahrhunderten erfolgreich praktizierte Kirchendiktatur wird bis heute widerspruchslos zur Kenntnis genommen.

Es ist vollkommen unverständlich, wie solche religiösen Fehlentscheidungen von demokratischen Regierungen noch rechtlich abgesichert und gefördert werden können!

Der Staat finanziert die theologischen Fakultäten an den Universitäten und den Religionsunterricht in den Schulen! Die Regierung eines demokratischen Staates untergräbt das System der wissenschaftlichen Forschung, dessen Sinn und Zweck es ist, neue, zukunftsorientierte Erkenntnisse zu schaffen zum Wohle der Gesamtheit.

Kaiser Franz Josef hat nach der Verkündigung des Dogmas der »Päpstlichen Unfehlbarkeit« im Jahre 1870 die richtigen Konsequenzen gezogen und noch im selben Jahr das Konkordat mit dem »Heiligen Stuhl« gekündigt.

Katholische Diktatur

Haben sie sich als Katholik Gedanken darüber gemacht, in welcher Form vom Vatikan das Verhalten den Gläubigen vorgegeben wird? Wenn nein, dann lesen sie das Buch »Der Glaube der Kirche in den Urkunden der Lehrverkündigung«, neubearbeitet von Karl Rahner und Karl-Heinz Weger. Das Buch ist als römisch katholisches Lehrbuch autorisiert, einleitend wird das Vorwort wiedergegeben.

Das Buch enthält die wichtigsten Urkunden über den katholischen Glauben in deutscher Sprache. In ihnen hat die Kirche selbst das Gut der Offenbarung, das ihr Christus anvertraut hat, in Worte gekleidet, und dem gläubigen Volk als Entscheidung oder Belehrung vorgelegt. Alle haben ein Recht zu wissen, was die Kirche selbst von ihrem Glauben sagt, und oft wird aus diesem Recht eine Pflicht, wenn das Gut dieses Glaubens in uns oder in anderem bedroht wird und unseren Einsatz fordert. Das Buch stellt also den Versuch dar, weitere Kreise an diese Quellen katholischer Glaubenslehre zu führen, und möchte auch so aufgenommen werden.

Möge es diesen Dienst an der heiligen Kirche und am katholischen Volk erfüllen.

Zum Einblick eine kleine Auswahl von Glaubessätzen.

RN 382: *Die Kirche hat kraft ihrer göttlichen Einsetzung die Pflicht, auf das gewissenhafteste das Gut des göttlichen Glaubens unversehrt und vollkommen zu bewahren und beständig mit größtem Eifer über das Heil der Seelen zu wachen. Deshalb muss sie mit peinlicher Sorgfalt alles entfernen und ausmerzen, was gegen den Glauben ist oder dem Seelenheil irgendwie schaden könnte. Somit kommt*

der Kirche aus der ihr vom göttlichen Urheber übertrage-
nen Machtvollkommenheit nicht nur das Recht zu, sondern
sogar die Pflicht, gleich welche Irrlehren nicht nur nicht zu
dulden, sondern vielmehr zu verbieten und zu verurteilen,
wenn das die Unversehrtheit des Glaubens und das Heil der
Seelen fordern.

RN 392: *Die Kirche ist die Säule und Grundfeste der Wahrheit, also frei und unberührt von jeder Gefahr des Irrtums
und der Falschheit. Wir lehren also: Der Gegenstand der
Unfehlbarkeit geht so weit, wie das Glaubensgut reicht, und
die Pflicht, dieses Gut zu schützen, es erfordert.*

RN 430: *Dem römischen Papst sich zu unterwerfen, ist für
alle Menschen unbedingt zum Heile notwendig. Das erklären, behaupten, bestimmen und verkünden Wir.*

RN 369: *Außerhalb der Kirche kann niemand gerettet werden.
Freilich sind nicht alle, die in unüberwindlicher Unwissenheit
über Christus und seine Kirche leben, schon aufgrund dieser
Unwissenheit ewig zu verdammen ... Er [Christus] schenkt
auch jedem seine Gnade, der sich nach Kräften müht, so dass
er die Rechtfertigung und das ewige Leben erreichen kann.
Diese Gnade erhält aber keiner, der von der Einheit des
Glaubens oder von der Gemeinschaft der Kirche aus eigener
Schuld getrennt ist und so aus diesem Leben scheidet. Wer
nicht in dieser Arche ist, wird in der Sintflut umkommen. So
verwerfen und verabscheuen Wir die gottlose Lehre von der
Gleichwertigkeit aller Religionen ... Ebenso verurteilen Wir
die gottlose Ansicht derer, die den Menschen das Himmelreich
verschließen aus dem falschen Vorwand: es sei unpassend und
jedenfalls zum Heil nicht notwendig, die Religion zu verlassen,
in der man geboren, erzogen, aufgewachsen sei, auch wenn
sie falsch ist. Ja, sie klagen selbst die Kirche an, die erklärt,
sie sei die einzig wahre Religion, und die alle Religionen und*

Sekten, die von ihrer Gemeinschaft losgetrennt sind, verwirft und verurteilt.

RN 381: *[Die heilige römische Kirche, durch das Wort unseres Herrn und Erlösers gegründet,] glaubt fest, bekennt und verkündet, dass niemand außerhalb der katholischen Kirche, weder Heide noch Jude noch Ungläubiger oder ein von der Einheit Getrennter – des ewigen Lebens teilhaftig wird, vielmehr dem ewigen Feuer verfällt, das dem Teufel und seinen Engeln bereitet ist, wenn er sich nicht vor dem Tod ihr (der Kirche) anschließt. So viel bedeutet die Einheit des Leibes der Kirche, dass die kirchlichen Sakramente nur denen zum Heil gereichen, die in ihr bleiben, und dass nur ihnen Fasten, Almosen, andere fromme Werke und der Kriegsdienst des Christenlebens den ewigen Lohn erwirbt. ´Mag einer noch so viele Almosen geben, ja selbst sein Blut für den Namen Christi vergießen, so kann er doch nicht gerettet werden, wenn er nicht im Schoß und in der Einheit der katholischen Kirche bleibt.,*

Was haben diese verbindlichen Glaubenssätze überhaupt noch mit christlich im Sinne der Nächstenliebe zu tun? Hier wird kühl berechnend so getextet, wie es aus strategischer Sicht dem Konzern Vatikan den größten Nutzen bringt. Mit anders Denkenden wird eiskalt verfahren und ihnen ohne Bedenken das Schicksal ewiger Höllenqualen verkündet. Auf die besondere Überheblichkeit und Arroganz sind die verwendeten Hinweise »nach Gottes Willen und Anordnung« zu betrachten, die von den Verfassern von sich gegeben werden. Angesichts dieser Aussagen und Forderungen ist die Schlussfolgerung zulässig, dass es viele Menschen gibt, die nach kirchlicher Auffassung in der ewigen Hölle landen. Es wird nur einen kleinen Anteil Menschen geben, der alles glaubt, was die Kirche in den Dogmen und Glaubenssätzen von ihren Gläubigen fordert.

Selbst manchen Bischöfen und Pfarrern werden diese Forderungen eine Last sein. Beruflich ist es ihre Pflicht, dies ohne Widerspruch zu akzeptieren. Der Kirche kommt gelegen, dass nur der schriftliche und mündliche Widerstand registriert werden kann. Auch wäre interessant, ob Priester und die geistliche Aristokratie, genannt Eminenzen, von der Glaubenslehre ihrer Kirche persönlich überzeugt sind?

So mancher Priester agiert nicht den Vorgaben entsprechend, sondern wie im Volksmund formuliert, unter der Decke. Für die nicht dogmatischen zölibatären Regeln gibt es wenig Verständnis. All jenen, die aufrichtig und ehrlich ihre Meinung und Aktivität kundtun und zu ihrer Partnerin stehen, kommen vor das Kirchengericht. Sie werden kaltblütig suspendiert. Wenn sie nach kirchlicher Empfehlung ihr Verhältnis verschweigen und gegenüber der Öffentlichkeit geheim halten, bezahlt die Kirche die Alimente für seine Kinder. Ein alter Kirchenwitz lautet: Beim Herrn Pastor hängen die Windel hinterm Haus, von den Kindern des Pfarrers im ganzen Dorf.

Doch Spaß beiseite, würden alle Priester, die nicht zölibatär leben ihren Job kündigen, wäre das System vor dem Zusammenbruch. Um dem vorzusorgen, holt sich die Kirche Arbeitsimmigranten aus Polen, Afrika und anderen Ländern. Betrachtet man den Priesternachwuchs, steht er alleine durch das geforderte Zölibat vor Problemen. Das Zölibat motiviert auch Herrn, die sich von Frauen nicht angesprochen fühlen. Heute ist Homosexualität kein Problem. Als Beweggrund Priester zu werden nicht unbedenklich.

Vergleicht man das Studium technischer Berufe oder der Medizin mit jenem der Theologen, ist dafür das Bild harte

Arbeit und theologische Sandkastenspiele berechtigt. Die Ausfallquote von Studenten, die den theologischen Anforderungen nicht gewachsen sind, ist unbedeutend! Theologie hat mit logischem und rationalem Denken nichts zu tun. Dieses Studium erfordert die widerspruchslose Akzeptanz diktatorischer Vorgaben.

Die Bibel gleicht einem Wasserlauf

Im Gebirge entspringt der Quelle klares Wasser. Je länger es durch bewohntes, bewirtschaftetes Gebiet fließt, umso schlechter wird seine Qualität. Vor der Mündung ist man oft entsetzt, wie sich seine Ursprungsqualität verändert hat. Das Neue Testament wurde ein bis drei Generationen nach Christus geschrieben. Die Grundlage dafür waren mündliche Überlieferungen. Wie unverändert Erinnerungen an das Wirken von Jesus Christus über mehrere Jahrzehnte im Gedächtnis der Apostel oder Erzähler blieben, ist wohl ein eigenes Kapitel. Im späteren Verlauf war das Anpassen der Bibeltexte den Interessen der Kirchenvertreter ein wichtiges Faktum. Wobei diese textlichen wie inhaltlichen Veränderungen in Übersetzungsfehler, Auslegungsabweichungen oder als beabsichtigte Veränderungen zu interpretieren sind.

Im Jahr 383 schuf der Heilige Hieronymus im Auftrag von Papst Damasus I. die in Latein geschriebene Bibel genannt »Vulgata«. Dazu ein Auszug aus dem Brief, den Hieronymus an Papst Damasus I. schrieb, nachdem er die Überarbeitung der vier Evangelien des Neuen Testaments abgeschlossen hatte.

»Du zwingst mich, ein neues Werk aus einem alten zu schaffen, gleichsam als Schiedsrichter zu fungieren über Bibelexemplare, nachdem diese [seit langem] in aller Welt verbreitet sind, und, wo sie voneinander abweichen, zu entscheiden, welche mit dem authentischen griechischen Text übereinstimmen. Es ist ein Unterfangen, das ebenso viel liebevolle Hingabe verlangt, wie es gefährlich und vermessen ist; über die anderen zu urteilen und dabei selbst dem Urteil aller zu unterliegen; in die Sprache eines Greises ändernd einzugreifen und eine bereits altersgraue Welt in die Tage ihrer ersten

Kindheit zurückzuversetzen. Wird sich auch nur einer finden, sei er gelehrt oder ungelehrt, der mich nicht, sobald er diesen Band [die Überarbeitung der Evangelien] in die Hand nimmt und feststellt, dass das, was er hier liest, nicht in allem den Geschmack dessen trifft, was er einmal in sich aufgenommen hat, lauthals einen Fälscher und Religionsfrevler schilt, weil ich die Kühnheit besaß, einiges in den alten Büchern zuzufügen, abzuändern oder zu verbessern? Zwei Überlegungen sind es indes, die mich trösten und dieses Odium auf mich nehmen lassen: zum einen, dass du, der an Rang allen anderen überlegene Bischof, mich dies zu tun heißest; zum anderen, dass, wie auch meine Verleumder bestätigen müssen, in differierenden Lesarten schwerlich die Wahrheit anzutreffen ist.

Wenn nämlich auf die lateinischen Texte Verlass sein soll, dann mögen sie bitte sagen: Welchen? Gibt es doch beinahe so viele Textformen, wie es Abschriften gibt. Soll aber die zutreffende Textform aus einem Vergleich mehrerer ermittelt werden, warum dann nicht gleich auf das griechische Original zurückgehen und danach all die Fehler verbessern, ob sie nun auf unzuverlässige Übersetzer zurückgehen, ob es sich bei ihnen um Verschlimmbesserungen wagehalsiger, aber inkompetenter Textkritiker oder aber einfach um Zusätze und Änderungen unaufmerksamer Abschreiber handelt? ... Ich spreche nun vom Neuen Testament: Matthäus, Markus, Lukas, Johannes; sie sind von uns nach dem Vergleich mit griechischen Handschriften – freilich alten! – überarbeitet worden. Um jedoch allzu große Abweichungen von dem lateinischen Wortlaut, wie man ihn aus den Lesungen gewohnt ist, zu vermeiden, haben wir unsere Feder im Zaum gehalten und nur dort verbessert, wo sich Änderungen des Sinns zu ergeben schienen, während wir alles übrige so durchgehen ließen, wie es war.«

(Vorrede zum Neuen Testament; zit. nach A. M. Ritter, Kirchen- und Theologiegeschichte in Quellen, Bd. 1 – Alte Kir-

che, 1. Auflage 1977, S. 181 f.; im Original bei J. P. Migne, Patrologiae cursus completus, series Graeca (MPG) 29, Sp. 525 ff.)

Apokryphen

Was sind Apokryphen? Die Apokryphen sind eine Sammlung uninspirierter, unechter Bücher, die von verschiedenen Einzelpersonen geschrieben wurden.

Auszug aus dem Konzil von Trient (ein ökumenisches Konzil der römisch-katholischen Kirche im 16. Jahrhundert), 4. Sitzung, 8. April 1546, »Erlass bezüglich der kanonischen Schriften):

RN 90: Aus dem neuen Testament: die vier Evangelien, nach Matthäus, Markus, Lukas, Johannes; die Apostelgeschichte; von Lukas dem Evangelisten verfasst; die 14 Briefe des heiligen Apostels Paulus; an die Römer; 2 an die Korinther; an die Galater; an die Epheser; an die Philipper; an die Kolosser; 2 an die Thessalonicher; 2 an Timotheus; an Titus; an Philemon; an die Hebräer; 2 Briefe des Apostels Petrus; 3 des Apostels Johannes; 1 des Apostels Jakobus; 1 des Apostels Judas und die Geheime Offenbarung des Apostels Johannes.

Wer aber diese Bücher im Gesamten und in allen Teilen, wie sie in der katholischen Kirche gelesen zu werden pflegen und in der alten lateinischen Vulgata-Ausgabe enthalten sind, nicht als heilig und kanonisch anerkennt und die vorher erwähnten Überlieferungen bewusst und absichtlich verachtet: der sei ausgeschlossen.«

Mit diesen Worten wurde der römisch-katholische Kanon der Heiligen Schrift festgelegt, mehr als 1.200 Jahre nachdem sich die römischen Bischöfe unter Kaiser Konstantin die Autorität über die gesamten christlichen Gemeinden anmaßten. Dies war das erste Konzil in der Geschichte der westlichen Gemeinde, das offiziell den Kanon der Heiligen Schrift definierte. In Befürwortung der Aufnahme von 12 Büchern der Apokryphen in den Kanon wies Trient auf zwei regionale Konzile hin, die sich unter der Führung von Augustinus 393 in Hippo und 397 in Karthago versammelt hatten.

Höchst an der Zeit wäre ein klares Bekenntnis zu all den menschlichen Fehlern bezüglich der historischen Entstehung der Bibel, sowie die Einbindung neuer Erkenntnisse und Informationen, die sich aus den nicht berücksichtigten Evangelien ergeben. Die Bibel ist ein menschliches Meisterwerk. Ihr Inhalt wird fälschlicherweise als »Wort Gottes« verkauft und christliche Religionen halten Bibelzitate als unveränderliche Wahrheiten.

Verurteile andere – nie dich selbst!

Diese Devise hat sich die katholische Kirche wohl zu ihrem Leitspruch erhoben. Über Jahrhunderte wurde aus dem Weg geräumt, was ihrem Machtstreben im Wege stand. Tausende Menschen fielen diesem Handeln zum Opfer. Dazu ein Blick auf die vier schrecklichsten Ereignisse, verursacht durch die katholische Kirche.

Kreuzzüge:
Von der Kirche, als Vertreterin der Lehre Jesus, wäre diese Art von Handlungen nicht zu erwarten. Es gibt und gab Tausende Menschen, die aus voller Überzeugung ihr Bestes und sehr Positives im Sinne dieser Lehre leisten und geleistet haben. Doch wo Gutes, ist leider das Böse nicht fern. Im Laufe der Geschichte wurden bedeutende Positionen der Kirche auch von Personen eingenommen, deren Handlungen Grauenhaftes bewirkten.

Redegewandtheit, verbunden mit Intelligenz und Macht-streben, damit war schon der Apostel Paulus gesegnet. Der menschliche Einfluss war von Beginn an gegeben und prägte die Vorgaben, die angeblich von der Lehre Jesus überliefert wurden. Kirchenfürsten bemühten sich, unter Missbrauch der Religion, auch die weltliche Herrschaft in den Griff zu bekommen. Diesem Zweck diente auch die Exkommunikation, um die Beugung der weltlichen Herrscher vor dem Stellvertreter Gottes zu erreichen.

Bekannt sind der »Kleine Kirchenbann«, darunter versteht man eine zeitliche Begrenzung der Exkommunikation. Dem Schuldigen soll Zeit zur Reue und Besserung gewährt werden. Der »Große Kirchenbann« wurde ohne zeitliche Begrenzung ausgesprochen. Für einen weltlichen Herrscher damals ein kaum erträglicher Zustand. Die Auswüchse der Würdenträger erreichten in der Verbindung religiöser mit weltlicher Herrschaft ihren Höhepunkt. Studiert man die Geschichte der Päpste, könnte einem das Grauen kommen. Die kircheninterne Ansicht lautete: ist der Papst als Mensch auch noch so schlecht, tut dies seinem Handeln als Stellvertreter Gottes keinen Abbruch.

Im Jahre 1095 hatte Papst Urban II. ein besonderes Ereignis anzukündigen. Eine große Anzahl weltlicher und geistlicher Würdenträger und bedeutende Personen des Volkes folgten seinem Ruf. Es war der flammende Aufruf an alle Christen, die heiligen Stätten in Jerusalem wieder zurück zu erobern. Als Lohn dafür wurden die Sündenvergabe und das Himmelreich versprochen. Euphorische Begeisterung bewegte die Gemüter, etwas Gutes für die Kirche und Ehre Gottes tun zu können, vergolten mit Sündenvergabe und Himmel. Falsche Versprechungen, Hetzreden und das Schüren von Hass gegen eine andere Glaubensgemeinschaft wurden von einer Person ausgelöst, die als seine »Heiligkeit« und Stellvertreter Christi bezeichnet wird.

Die Kreuzfahrer des ersten Kreuzzuges, der unter dem Motto »Gott will es« ausgeführt wurde, verübten bei der Eroberung Jerusalems ein grausames Gemetzel unter den Muslimen und Juden, selbst die dort noch ansässigen Christen wurden nicht verschont. Dies alles geschah, obwohl die Christen unter den Muslimen und Juden freien Zugang zu den heiligen Stätten hatten und auch Christen in Jerusalem sesshaft waren. Es ist daher verständlich, dass die Kreuzzüge langfristig ein wesentlicher Grund der Verschlechterung des Klimas zwischen Christen und Muslime waren und heute noch sind.

Die Zeit der Kreuzzüge wurde zu einem der schrecklichsten Zeitabschnitte der Kirche.

Tausende Tote, Elend, Zerstörung und zwei aufgehetzte Religionsgemeinschaften waren das Ergebnis.

Auszug aus dem 10. Kapitel, die kirchliche Vollmacht.

RN 394: *Träger dieser Gewalt sind die von Christus aufgestellten Hirten und Lehrer. Sie üben diese Vollmacht frei und unabhängig von jeder weltlichen Gewalt aus. So führen und leiten sie die Kirche Gottes mit aller Machtvollkommenheit: mit Gesetzen, die von sich aus verpflichten und auch im Gewissen binden, mit richterlichen Entscheidungen und schließlich mit heilsamen Strafen gegen Schuldige, auch wenn sie Widerstand leisten. Diese Leitung betrifft nicht nur den Bereich von Glaube, Sitte, Kult und Heilung, sondern auch die äußere Ordnung und Verwaltung der Kirche. So ist der Gegenstand des Glaubens, das die Kirche Christi eine vollkommene Gesellschaft darstellt. Und diese wahre und so glückliche Kirche Christi ist keine andere als die eine, heilige, katholische und apostolische römische Kirche.*

Immer wieder haben katholische Würdenträger verbrecherische Handlungen, die im Sinne der Herrschaftserweiterung oder der persönlichen Machtdemonstration und Bereicherung dienten, als Willen Gottes ausgegeben. Der Hauptverantwortliche für die Initiative der Kreuzzüge, Papst Urban II. war sich der Tragweite dieses Verbrechens vermutlich nicht bewusst. Er hat sein Werk noch als besondere Leistung für die Verteidigung des Glaubens und Ehre Gottes gehalten.

Ketzerei:
Ketzerei ist eine Aktivität, die mit den Ansichten der Kirche nicht ident ist. Ein Ketzer ist eine Person, die in Opposition zur Kirchenführung, deren Lehren und Verhalten steht. Eine positive Einstellung, wenn jemand versucht, bestehende Mängel aufzuzeigen und Verbesserungen fordert. Anders sah es natürlich die katholische Kirche. Ihre Aktivitäten dienten der Erhaltung und Ausdehnung ihrer Macht, somit des Willen Gottes.

Durch die Ernennung zur Staatskirche, genoss sie auch deren Schutz. Im Jahre 407 erließ man ein Gesetzt, wodurch Ketzerei zum Majestätsverbrechen, unter Androhung der Todesstrafe, deklariert wurde. Staatliche und kirchliche Macht verzahnten sich und auf der Strecke blieben Wahrheit und Humanität. Der Verfolgung von Ketzern, Menschen mit Vernunft und Achtsamkeit, wurde Tür und Tor geöffnet.

Am 15. Mai 1252 veröffentlichte Papst Innozenz IV. den Erlass »Ad Extirpanda« indem die Folteraufforderung für Häretiker enthalten ist. Als Häresie wurde eine Lehre bezeichnet, die im Widerspruch zur katholischen Kirche stand. Die Übersetzung dieser Aufforderung hat folgenden Wortlaut:

»Außerdem soll der Podestà (Stadtherr) oder städtische Amtsträger alle Häretiker, die er gefangen hat, ohne dass er ihnen jedoch bleibende körperliche Schäden zufügt oder sie dabei sterben, dazu zwingen, ihre Irrtümer ausdrücklich zu gestehen und andere Ketzer anzuklagen, die sie kennen.«

Ein Mensch mit solch erbärmlichem Charakter wird Stellvertreter Gottes genannt und ist laut Dogma in Glaubensangelegenheiten unfehlbar.

Im Jahre 1232 wurde von Kaiser Friedrich II. folgende Rechtsvorgabe erlassen:

- Alle Ketzer, die von der Kirche verdammt werden, verfallen der Todesstrafe durch den weltlichen Arm.
- Diejenigen, die aus Todesangst in die kirchliche Gemeinschaft zurückkehren, werden mit dem ewigen Gefängnis bestraft.
- Begünstiger von Ketzern erleiden die gleiche Strafe.
- Rückfällige haben ihr Leben verwirkt.
- Nachkommen und Erben der Ketzer werden enterbt und verlieren bis in den 2. Grad die öffentlichen Ämter.

Teilauszug aus der übersetzten Ketzerordnung Kaiser Friedrich II., entnommen aus: http://de.wikisource.org/ wiki/Kaiser_Friedrich_II.Der_Wegbereiter_der_Renaissance/Anhang

Friedrich, von Gottes Gnaden Kaiser der Römer und allzeit Mehrer (des Reiches), König von Jerusalem und Sizilien, seinen geliebten Fürsten, den ehrwürdigen Erzbischöfen, Bischöfen und anderen Prälaten der Kirchen, den Herzögen, Markgrafen, Grafen, Baronen, Schultheißen, Burggrafen, Vögten, Richtern, Ministerialen und Beamten und allen im ganzen Reich, die gegenwärtiges Schreiben sehen, seinen Getreuen Gnade und alles Gute.

Die Sorge für die uns vom Himmel aufgetragene Königsherrschaft und die Hoheit der uns von dem Herrn verliehenen kaiserlichen Würde gebieten uns das weltliche Schwert, das wir getrennt von dem Priestertum führen, gegen die Feinde des Glaubens und zur Ausrottung ketzerischer Schlechtigkeit zu ziehen, damit wir die Schlangensöhne des Unglaubens, die den Herrn und die Kirche beleidigen wie Entweiher des eigenen Mutterleibes, mit gerechtem Urteil verfolgen und die Bösewichter nicht leben lassen, durch deren verführerische Wissenschaft die Welt vergiftet und die Herde der Gläubigen durch diese räudigen Schafe angesteckt wird. Wir bestimmten daher, dass Ketzer, wie sie auch immer benannt sein mögen, wo irgend im Reich sie von der Kirche verdammt und dem weltlichen Gericht überwiesen sind, mit der gebührenden Strafe belegt werden. Wenn aber von den Genannten welche nach ihrer Ergreifung aus Furcht vor dem Tode zu der Glaubenseinheit zurückkehren wollen, so sollen sie den kanonischen Satzungen gemäß, um Buße zu tun, zu lebenslänglicher Haft eingeschlossen werden.

Nicht nur hohe geistliche Würdenträger handelten im Auftrage Gottes. Auch weltliche »Herrscher von Gottes Gnaden« nahmen zum Wohle des Volkes ihre Funktion wahr.

Dem Autor des Buches ist bewusst, dass ihm in der guten alten Zeit, in der weltliche und geistliche Fürsten im gegenseitigen Einvernehmen und zum Wohle ihrer Untertanen für Ordnung und Disziplin sorgten, der Scheiterhaufen gedroht hätte.

Inquisition:
Die Inquisition diente der Kirche, um die Rechtgläubigkeit der Menschen zu überwachen und zu erhalten. Sie gehört zu den finstersten Zeitabschnitten der katholischen Kirche. Mit grausamen Verhörmethoden wurden Geständnisse unter Folter erzwungen. Ketzer und Hexen waren in der Regel die Angeklagten, von denen viele am Scheiterhaufen ihr Leben beendeten. Hexen wurden wegen der unmöglichsten Belange angeklagt, sei es Blitzschlag, Unglück, Hagel oder andere Absurditäten, auch genügten rote Haare, um in den Verdacht zu kommen, eine Hexe zu sein. Die Chance, dem Scheiterhaufen zu entkommen, war gering. Die Aufforderung zur Denunzierung verhärtete das Klima unter der Bevölkerung. Allein die Anmaßung der Kirche, eine andere Meinung als Verbrechen auszulegen, widerspricht jeder christlichen Gesinnung. Inquisitionsgerichte waren für die Angeklagten im wahrsten Sinne des Wortes »die Hölle auf Erden«.

Doch nicht nur zur Verteidigung des Glaubens, sondern für sehr materielle Interessen war die Inquisition Mittel zum Zweck, wie das Inquisitionsverfahren gegen die begüterten Templer und deren Tod auf dem Scheiterhaufen beweist. Wie absurd und menschenverachtend die Handlungsweise der heiligen Inquisition sein konnte, zeigt die Verurteilung zum Tod auf dem Scheiterhaufen von 114 Franziskanermönchen, da sie von ihrer Überzeugung »Jesus war arm« nicht Abstand genommen haben. In der Ordensregel des heiligen Franziskus war Besitzlosigkeit und Armut eine geforderte Haupteigenschaft für die Ordenszugehörigkeit.

Im 19. Jahrhundert wurde die Inquisition abgeschafft. Sie war das Werkzeug für Ungerechtigkeit und Willkür im Namen der Kirche. Hat der Vatikan für diese abscheulichen Grausamkeiten jemals ein Schuldgeständnis abgelegt und Reue bekannt?

Der 30-jährige Krieg:
Ungünstige Klimabedingungen waren die Ursache für Missernten, was schließlich zu Hungersnöten und einer Verarmung der Bevölkerung führte. Durch den 1555 abgeschlossenen Religionsfrieden bewogen, zogen vermehrt Protestanten nach Deutschland. Der Friede war sehr oberflächlich. Allein die Existenz zweier starker Konfessionen vermehrte die Probleme durch unterschiedliche Mehrheiten und der daraus entstandenen Machtansprüche. Die Fürsten hatten die Macht zu bestimmen, welche Konfession ihre Untertanen anzunehmen haben.

Die kriegerische Auseinandersetzung (1618 – 1648) hatte mehrere Ursachen. Ein bedeutender Grund war die Spaltung in zwei Blöcke unterschiedlicher religiöser Zugehörigkeit, katholisch oder protestantisch. Religion wurde zum Spaltpilz nicht nur unter den Staaten, sondern auch innerhalb der Staaten. Diese Spaltung setzte sich bis in die Dorfgemeinschaften, ja oft bis auf die Verwandtschafts- und Familienebene fort. Schließlich war einer der Hauptbeweggründe für den Konflikt, wer oder welche Seite die »wahre Lehre« verbreite. Um die jeweils eigenen Ansichten zu verteidigen, schreckte man auch vor kriegerischen

Auseinandersetzungen nicht zurück. Dies ist wahrlich ein Musterbeispiel von falsch verstandenem Sinn einer Religion. Wenn sie genau das Gegenteil von Handlungen auslöst, als in ihrem Sinn zu erwarten wäre. Die Vertreter der zwei Religionen haben es mit Sicherheit nicht verstanden.

Es ist einfach erschütternd, dass ausgerechnet Religionsgemeinschaften, Krieg, Elend, Leid, Tod und Zerstörung zum vermeintlichen Problemlöser machen. Die sogenannten »Heiligen Kriege« waren und sind auch heute noch die unheiligsten Aktivitäten.

Ausgelöst wurde die Entstehung der beiden Religionsblöcke durch den Protest des katholischen Priesters Martin Luther im Jahre 1517 gegen den Ablasshandel Roms. Die Veröffentlichung der 95 Thesen waren Auslöser für eine Reformation und Spaltung der Kirche. Nicht Einsicht und Verständnis waren die Tugend Roms. Demonstrative Arroganz der Macht führte 1818 zur Einleitung des Ketzerprozesses und Kirchenbanns gegen Martin Luther. Die Religionsspaltung wurde durch die Dogmatik Roms provoziert.

Der Konflikt hat demonstriert, den Sinn der Lehre Jesus Christus nicht zu verstehen.

Patent auf Sündenvergabe

Die Strategie war und ist die Menschen von der Abhängigkeit ihres Seelenheiles von den Sakramenten der Kirche zu überzeugen. Der Wert der Sündenvergabe wurde den Gläubigen in Wort, Schrift und Bild in aller Deutlichkeit dargestellt. Einen besonderen Bekanntheitsgrad erreichte das Gemälde »das Jüngste Gericht« des Hieronymus Bosch, das eine sehr schaurige Wirkung bei den Gläubigen auslöste. Diese äußerst bedenkliche Entwicklung zieht sich durch alle Jahrhunderte.

Einblick über die Missetaten der katholischen Kirche und deren fürchterlichen Konsequenzen wurde von Karlheinz Deschner in zehn Bänden »Kriminalgeschichte des Christentums«, sowie in seiner Dokumentation »Abermals krähte der Hahn« und »Das Kreuz mit der Kirche« in ihrer vollen Dramatik wiedergegeben.

Eine kritische Analyse ihrer Glaubensvorgaben könnte einen Flächenbrand auslösen. Somit die Existenzberechtigung des Priesterstandes gefährden. Katholisch im Sinne der Amtskirche steht in enger Verbindung mit Kapitalismus und Vermögen. Geldspenden und testamentarische Verfügungen waren und sind nach wie vor Basis ihrer über Jahrhunderte erfolgreichen Konzernstrategie.

Beurteilen sie das Programm der katholischen Kirche persönlich.

RN 660: *Wer sagt in der katholischen Kirche sei die Buße nicht wirklich und eigentlich ein von Christus, unserem Herrn, eingesetztes Sakrament, um die Gläubigen, sooft sie nach der Taufe in Sünde fallen, mit Gott zu versöhnen, der sei ausgeschlossen (früher = ist verdammt).*

RN 661: *Wer das Sakrament vermengt und sagt, die Taufe selber sei das Sakrament der Buße, als seien diese Sakramente nicht verschieden, und deshalb könne man die Buße nicht mit Recht die zweite Rettungsplanke nach dem Schiffbruch nennen, der sei ausgeschlossen.*

RN 668: *Wer sagt, die sakramentale Lossprechung des Priesters sei kein richterlicher Akt, sondern eine reine Dienstleistung der Verkündigung und Erklärung, dem Bekennendem seien die Sünden erlassen, falls er glaubt, dass er freigesprochen sei, auch wenn der Priester nicht im Ernst, sondern nur im Scherz die Lossprechung gibt, oder wer sagt, das Bekenntnis des Büßenden sei nicht dazu notwendig, dass ihn der Priester lossprechen kann, der sei ausgeschlossen.*

Die Randnummern der Glaubenssätze, die sich auf das Sakrament der Buße beziehen, gehen von 660 bis 674. Es ist nicht im Sinne dieses Werkes alle anzuführen. Zum historischen Verständnis wird darauf verwiesen, dass der Schlusstext »ist ausgeschlossen« die früheren Worte »ist verdammt« ersetzt.

Würde Jesus heute unter uns weilen, er wäre schockiert über das Treiben der Kirche. Es gibt leider viele Menschen, die in einer sehr tristen Lebenssituation, oft nahe am Verzweifeln sind. Von den Leiden, Entbehrungen und Enttäuschungen des Lebens heimgesucht, bleibt ihnen oft als einzige Hoffnung die Flucht in ihren Glauben. Daher hat die Kirche in den ärmsten Entwicklungsländern auch die höchste Zunahme an Mitgliedern. Hier wird Hoffnungslosigkeit erfolgreich für leere Versprechungen auf ein gutes Jenseits verkauft.

Mit Hölle und Verdammnis schafft man keine positive Lebenseinstellung, sondern Angst und Furcht. Damit wird bedauerlicher Weise von Vertretern der Religion Kapital für ihre Organisation lukriert. Tue Buße und bereue bevor Du Dich von dieser Welt verabschiedest, um nicht in den ewigen Flammen der Hölle schmoren zu müssen. Nicht selten geschieht es, dass die Kirche als testamentarischer Nutznießer hervorgeht. Daher wird dem Sakrament »der letzten Ölung« besondere Bedeutung beigemessen. Die Kirche verdankt dieser kriminellen Strategie einen hohen Anteil ihres Vermögens.

RN 896: *Er (Jesus Christus) wird kommen am Ende der Welt zum Gericht über Lebende und Tote, einem jeden zu vergelten nach seinen Werken, den Verworfenen und den Auserwählten. Diese werden alle mit dem eigenen Leib, den sie hier tragen, auferstehen, damit die einen mit dem Teufel die ewige Strafe und die anderen mit Christus die ewige Herrlichkeit empfangen, je nach ihren guten oder schlechten Werken.*

RN 898: *Wer aber ohne Buße in der Todsünde stirbt, wird ohne Zweifel von der Glut der ewigen Hölle auf immer gepeinigt.*

Auf dem Konzil von Trient (1545 – 1563) wurden im Jahre 1551 unter Papst Julius III. konkrete Bestimmungen für die Sakramente beschlossen.

Dazu ein nur sehr kleiner Auszug betreffend des Sakramentes der Buße, um Einblick in die Standpunkte und ihrer Rechtfertigung zu geben.

Zufolge der schon erklärten Einsetzung des Sakraments der Buße, verstand die ganze Kirche immer, dass damit auch das vollständige (Lk 5,13 und 17,14 und Jak 5,16 und 1 Joh 1,8 und unten, Kanon 6 von der Buße) Bekenntnis der Sünden von dem Herrn eingesetzt und nach göttlichem Gesetze

*allen nach der Taufe Gefallenen notwendig sei, weil unser
Herr Jesus Christus, als er von der Erde in den Himmel aufsteigen wollte, seine Priester als Stellvertreter seiner selbst
zurückließ, gleichsam als Vorstände und Richter, vor welche alle tödlichen Vergehungen, in die die Gläubigen fallen
würden, vorgebracht werden sollen, damit sie, vermöge der
(Mt 18,18; Joh 20,23) Schlüsselgewalt, darüber das Urteil der
Nachlasses und Behaltens der Sünden aussprechen: denn es
ist offenbar, dass, ohne Erkenntnis der Sache, die Priester
diese Beurteilung nicht ausüben könnten, und auch, dass
sie in Auferlegung der Strafen die Billigkeit nicht beobachten
könnten, wenn jene ihre Sünden nur im allgemeinen und
nicht vielmehr im Besonderen und einzeln anzeigten (unten,
Kanon 6).*

*Hieraus ergibt es sich, dass die Büßenden alle tödlichen Sün-
den, derer sie sich nach einer fleißigen Erforschung bewusst
sind, in der Beichte nennen müssen, auch die ganz Geheimen
und nur wider (Deut 5,21) die zwei letzten der zehn Gebote begangenen, zumal diese bisweilen die Seele schwerer
verwunden und gefährlicher sind, als diejenigen, die offen
begangen werden.*

Durch die Buße (Beichte) wird die Schuld der Sünde aus-
gelöscht, so dass kein Grund mehr vorhanden ist, wegen
dieser Sünde die ewige Strafe, die Verdammnis, zu befürch-
ten. Die »zeitliche Sündenstrafe« für die begangene und
gebeichtete Sünde muss jedoch nach katholischer Lehre in
diesem Leben durch gute Werke, oder aber im Fegefeuer
durch Qualen, abgebüßt werden.

RN 907: *»Erleuchtet vom Heiligen Geiste, schöpfend aus der
Heiligen Schrift und der alten Überlieferung der Väter, hat
die katholische Kirche auf den heiligen Konzilien und zuletzt
auf dieser Allgemeinen Versammlung gelehrt: Es gibt einen*

Reinigungsort, und die dort festgehaltenen Seelen finden eine Hilfe in den Fürbitten der Gläubigen, vor allem aber in dem Gott wohlgefälligen Opfer des Altares.«

RN 690: *Nach der Lehre der göttlichen Offenbarung folgen aus den Sünden von Gottes Heiligkeit und Gerechtigkeit auferlegte Strafen. Sie müssen in dieser Welt durch Leiden, Not und Mühsal des Lebens und besonders durch den Tod, oder in der künftigen Welt durch Feuer und Qual oder Reinigungsstrafen abgebüßt werden.*

Dass auch nach der Sündenvergebung noch Strafen abzubüßen und Überbleibsel der Sünden zu tilgen bleiben können und oft tatsächlich bleiben, zeigt ganz deutlich die Lehre vom Reinigungsort.«

Es ist einfach erschütternd, was die katholische Kirche den Menschen im 21. Jahrhundert alles zumutet. Man fühlt sich ins tiefste Mittelalter zurückversetzt. Bei einer Diskussion mit einem mir bekannten Priester, welches Gefühl er habe, wenn er den Beichtenden die Sünden vergibt, antwortete er folgendermaßen: »*Ich spreche ja nur die Lossprechung, die Sündenvergabe macht doch der liebe Gott*«. Der liebe Gott wird sich ja hoffentlich daran erinnern, was ihm die Kirche angeordnet hat und er sich beim Jüngsten Gericht wegen unterlassener Pflichterfüllung nicht selbst verurteilen muss.

Text der Lossprechungsformel: »*Gott, der barmherzige Vater, hat durch den Tod und die Auferstehung seines Sohnes die Welt mit sich versöhnt und den Heiligen Geist gesandt zur Vergebung der Sünden. Durch den Dienst der Kirche schenke er dir Verzeihung und Frieden. So spreche dich los von deinen Sünden im Namen des Vaters und des Sohnes und des Heiligen Geistes.*«

Machen wir uns Gedanken darüber, wie die Aktivität eines katholischen Priesters einzustufen ist. Als Theologe sollte er über die taktische Schaffung des Sakramentes der Buße Bescheid wissen. Auf diese Tour wird selbst das größte »Ferkel« immer wieder reingewaschen und kann seinen Leidenschaften und Absichten weiter frönen.

Man kann diese Handlung schlicht als Krönung der Nutzung von anerzogener Naivität bezeichnen. Wenn ich an die Vorbereitung zur ersten Beichte denke, so war das ein vom Pfarrer vorgegebenes Konstrukt um den Kindern »Gut und Böse« zu erklären. Für die Kirche die Quelle der Begehrlichkeiten.

Dazu ein prägnantes Beispiel aus der Gegenwart.

Korruptionsprozess im Vatikan

Dienstag den 27. Juli 2021 begann der Prozess gegen den einst mächtigen Kardinal Angelo Becciu und neun weiteren Angeklagten. Für das Verfahren wurde im vatikanischen Museum ein eigener Gerichtssaal eingerichtet. Das dreiköpfige Richterkollegium steht unter Leitung von Gerichtspräsidenten Giuseppe Pignatone. Er gehört zu den berühmtesten Mafiajägern des Landes. Die italienische Presse spricht von einem Jahrhundertprozess.

Dubiose und riskante Investitionen vatikanischer Gelder in Millionenhöhe sind Basis des Verfahrens. Die Ankläger bezeichnen es als »räuberisches und einträgliches System« ermöglicht durch »Komplizenschaft und Duldung«.

Becciu hatte über viele Jahre hinweg eine Schlüsselposition als Substitut im Staatssekretariat des Vatikans inne. Unter ihm investierte die Kurie 2018 und 2019 mehrere hundert Millionen Euro unter anderem in eine Luxusimmobilie im Londoner Stadtteil Chelsea. Am dubiosen Immo-Geschäft verdienten vor allem die Vermittler und das engste Umfeld des Würdenträgers. So erhielt etwa Cecilia Marogna, eine enge Vertraute von Kardinal Becciu,

Hunderttausende Euro – angeblich für Wohltätigkeitszwecke.

Der Vatikan als Staat blieb auf hohen Verlusten sitzen.

Pikant: Auch aus dem sogenannten Peterspfennig, der einmal jährlich weltweit gesammelten Kollekte für den Vatikan, soll für den Immobilien-Deal Geld entnommen worden sein.

Becciu muss sich nun wegen Veruntreuung und Amtsmissbrauch verantworten. Ranghohe Finanzbeamte und Angestellte des Heiligen Stuhls, darunter der ehemalige Leiter der Finanzaufsichtsbehörde, der Schweizer Anwalt René Brülhart, sollen direkt mit Torzi und Mincione zusammengearbeitet haben und sind deshalb mitangeklagt. Es drohen Gefängnis- und hohe Geldstrafen.

Endlich ein Fall, der in die Öffentlichkeit kommt. Vieles was im Staat Vatikan passiert ist, wird wie üblich verschwiegen oder unbekannt bleiben. Die Schaffung von Kapital und Immobilien gehörte seit je zu ihren Hauptaktivitäten. Ihre Paläste und kunstvollen Kirchenbauten auf Kosten der Gläubigen demonstrieren seit Jahrhunderten den hohen Rang ihrer Würdenträger.

Befasst man sich mit der historischen Entwicklung der katholischen Kirche, stellt man fest, dass ihre Glaubensvorgaben nichts mit der ursprünglichen Lehre von Jesus Christus zu tun haben. Dieser Umstand wird von Informationsquellen der neueren Zeit bestätigt.

Analyse katholische Kirche

Der Kapitalfehler der Weltreligion ist ihre Präsentation der alles Wissenden. Irrtum ausgeschlossen, da es sich um göttliche Weisheit handelt. Aus Machtstreben wird bewusst Denken und Vernunft, sowie Reaktion auf historische Erkenntnisse verweigert. Religion verbietet Zweifel, absolute Gläubigkeit ist alles.

Damit verbunden ist die Klassifizierung der Menschen in Gläubige und Nichtgläubige, wodurch von katholischer Seite, wie auch beim Islam, die Zweiklassengesellschaft im Diesseits und Jenseits deklariert wird. Durch Institutionen in Form von Verbindungen und Vereinen wurde politisch ein effizientes Netzwerk aufgebaut, dessen Aufgabe es ist, der Kirche einen entsprechenden Einfluss gesellschaftlich und wirtschaftlich zu sichern. So manche Aktivitäten dieser Institution stehen mit Demokratie nicht im Einklang. Eine Glaubenslehre, die jeder Logik und Vernunft widerspricht, ist sehr bedenklich.

Es stellt sich die Frage, wie diese Aktivität, sowohl von katholischer wie politischer Seite, mit aufrechtem Gewissen vereinbar ist. In der Rechtsauffassung bezüglich der religiösen und weltanschaulichen Neutralität des Staates sehe ich ein großes Problem.

Die Kirche hat durch eigenes Kirchenrecht und Kirchengericht einen Kirchenstaat im Staat errichtet. Damit wird einer Religion »Narrenfreiheit« gewährt, unvereinbar mit Rechte und Würde der Menschen.

Basis der katholischen Kirche sind ihre 245 Dogmen. Ein Dogma ist eine feststehende Definition oder Lehrmeinung, deren Wahrheitsanspruch als unumstößlich gilt. Davon eine Auswahl von 12, gleich der Apostelanzahl.

Prüfen sie, wie deren Aussagen mit Vernunft und Logik in Einklang zu bringen sind.

064. Die Erbsünde wird durch natürliche Zeugung fortgepflanzt.

071. Der Teufel besitzt auf Grund der Sünde Adams eine gewisse Herrschaft über die Menschen.

093. Christus hat uns durch seinen Opfertod am Kreuze losgekauft und mit Gott versöhnt.

100. Maria war Jungfrau vor, in und nach der Geburt.

120. Ohne Glauben ist die Rechtfertigung eines Erwachsenen nicht möglich.

134. Die Kirche wurde von dem Gottmenschen Jesus Christus gegründet.

136. Christus hat seiner Kirche eine hierarchische Verfassung gegeben.

139. Nach der Anordnung Christi soll Petrus im Primat über die gesamte Kirche für alle Zeiten Nachfolger haben.

202. Das sakramentale Sündenbekenntnis ist kraft göttlichen Rechtes angeordnet und zum Heile notwendig.

215. Die Kirche besitzt die Gewalt, Ablässe zu verleihen.

235. Alle erbsündigen Menschen sind dem Gesetz des Todes unterworfen.

244. Die Toten werden mit demselben Leib auferstehen, den sie auf Erden getragen haben.

Die 2. Ebene der kirchlichen Bestimmungen sind ihre Glaubenssätze. Der Unterschied zu den Dogmen liegt in der Veränderbarkeit ihrer Inhalte und Ungültigkeitserklärung durch den Papst. Entnommen aus Neuner-Roos »Der Glaube der Kirche in den Urkunden der Lehrverkündigung« 13. Auflage.

Um einen Einblick in diesen Bereich zu erhalten genügt die Auswahl von rund einem Prozent der kirchlichen Vorgaben.

RN 195: Wer nicht mit den heiligen Vätern im eigentlichen und wahren Sinne die heilige und immer jungfräuliche und unbefleckte Maria als Gottesgebärerin bekennt, da sie ohne Samen, vom Heiligen Geiste empfangen und unversehrt geboren hat, indem unverletzt blieb ihrer Jungfrauschaft auch nach der Geburt: der sei verworfen.

RN: 256: Wer nicht bekennt, dass der Sohn Gottes wahrer Gott ist, wie sein Vater wahrer Gott ist, dass er alles kann und alles weiß und dessen Vater gleich ist, irrt im Glauben.

RN 356: Wer leugnet, dass die neugeborenen Kinder getauft werden müssen – der sei ausgeschlossen. (früher = verdammt)

RN 367: Im Glauben müssen wir festhalten, dass außerhalb der apostolischen, römischen Kirche niemand gerettet werden kann; sie ist die einzige Arche des Heils und jeder, der nicht in sie eintritt, muss in der Flut untergehen.

RN 668: Wer sagt, die sakramentale Lossprechung des

Priesters sei kein richterlicher Akt, sondern eine reine Dienstleistung, der sei ausgeschlossen.

RN 746: Wer sagt, Eheangelegenheiten gehörten nicht vor den kirchlichen Richter, der sei ausgeschlossen.

RN 828: Wer behauptet, dass die Menschen ohne Christi Gerechtigkeit, durch die er für uns Verdienste erwarb, gerechtfertigt werden, der sei ausgeschlossen.

RN 851: Wer behauptet, dass die katholische Lehre von der Rechtfertigung, die von der heiligen Kirchenversammlung in diesem Lehrentscheid ausgesprochen wurde, tue irgendwie der Ehre Gottes oder dem Verdienst Jesu Christi unseres Herrn Eintrag und setze nicht vielmehr die Wahrheit unseres Glaubens und endlich die Ehre Gottes und Christi Jesu ins helle Licht, der sei ausgeschlossen.

Es ist einfach unfassbar, wie derartige Vorgaben im 21. Jahrhundert von den Menschen ernst genommen werden können. Ein Grund dafür liegt in der Unbekanntheit der wichtigsten Glaubensgrundlagen der Kirche, festgelegt in Dogmen und Glaubenssätzen.

Natürlich hat die Kirche selbst kein Interesse diese ihren Gläubigen bekannt zu geben, da deren Inhalt in der heutigen Zeit eine sehr negative Resonanz bei ihren Mitgliedern auslösen könnte. Die Zeiten der brennenden Scheiterhaufen sind vorbei, doch die Glaubensgrundlagen haben sich nicht verändert.

»de fide definita« ist der eigene Dolchstoß der Amtskirche bezüglich ihrer Glaubwürdigkeit. Menschliches Werk mit dem Prädikat »göttliche Weisheit« zu versehen, garantiert die Unmöglichkeit einer Korrektur.

»de fide definita« ist aus seiner historischen Entstehung als Ausgangsbasis für die »Wissenschaft Theologie« nachvollziehbar. Blockiert jedoch jede Möglichkeit der längst fälligen Korrektur. Ihre Vertreter versuchen die Maske der Humanität aufzusetzen, um zu verbergen, dass sie ihre mittelalterliche Rüstung im geistigen Sinne weder gewillt sind abzulegen, geschweige es ihnen gestattet ist, dies zu tun. Ihre päpstliche Unfehlbarkeit steht für immer unter Denkmalschutz.

Vaterunser – misslungene Fälschung

Es wäre nicht fair Kritik zu üben, ohne den Verweis auf eine Alternative.

Auszug aus dem Buch von Johannes Greber »Der Verkehr mit der Geisterwelt Gottes«, entnommen den Seiten 402 bis 405:

Die katholische Kirche hat ein Sakrament der Buße. Nach der Lehre des neuen Testamentes bedeutet »Buße« eine »Änderung der Gesinnung«. Johannes der Täufer predigte Buße zur Vergebung der Sünden. Und von Christus heißt es: »Von dieser Zeit an begann Jesus die Heilsbotschaft mit den Worten zu verkünden: Tuet Buße, denn das Himmelreich ist nahe herbeigekommen« (Matth. 4,17). Die Worte »Tuet Buße!« lauten in der Bibel in wörtlicher Übersetzung: »Ändert eure Gesinnung!« Buße ist also eine geistige Umkehr vom Bösen zum Guten und zu Gott. Wer das Böse, das er bisher getan, nicht mehr tut, und das Gute, das er bis dahin unterlassen, zu tun beginnt, bei dem ist eine Gesinnungsänderung eingetreten. Er gehört zu jenen, die Buße tun.«

Die Wahrheit ist die: Wer seine Sünden aufrichtig bereut und sich zu Gott wendet, dem vergibt Gott, einerlei ob ein Priester ihm vergeben hat oder nicht. Und wer nicht bereut, dem wird von Gott keine Vergebung zuteil, wenn ihm die Priester auch noch so oft die Lossprechung erteilen. Eure Lehre der Sündenvergebung durch Priester ist daher eine der großen menschlichen Irrungen, die sich im Laufe der Zeit in das Christentum eingeschlichen haben.

Zum Beweis dafür, dass die katholischen Priester die Gewalt haben, die Lossprechung von den Sünden zu erteilen, beruft sich die katholische Kirche auf eine gefälschte Bibelstelle. Es ist die Stelle: Wenn anderen die Sünde vergebet, so werden sie ihnen vergeben. Wenn ihr sie behaltet, so werden sie ihnen behalten (Joh. 20,23).

Im griechischen Text wurde ein einziges Wörtchen ausgelassen und dadurch der ganze Sinn entstellt. Anstatt des Wortes »ihnen« stand im Urtext »euch selbst«. *Die Stelle hieße also richtig: Wenn ihr anderen die Sünden vergebet, so werden sie euch selbst vergeben. Wenn ihr sie behaltet (oder nicht vergebet), dann werden sie euch selbst behalten (oder nicht vergeben). In diesen Worten verkündet Christus dieselbe Lehre, die in der Bitte des Vaterunsers enthalten ist: »Vergib uns unsere Schuld, wie auch wir vergeben unseren Schuldigern«, und die er im direkten Anschluss an das Vaterunser in den Worten ausgesprochen hat: »Denn wenn ihr den Menschen ihre Verfehlungen vergebet, so wird eurer himmlischer Vater auch euch vergeben; wenn ihr aber den Menschen nicht vergebet, so wird euch eurer himmlischer Vater eure Verfehlungen auch nicht vergeben« (Matth. 6,14).*

Weil eine Gewalt der Sündenvergebung, wie sie die katholische Kirche für sich in Anspruch nimmt, nicht besteht und nicht bestehen kann, ist sie auch niemals in den ersten christlichen Zeiten gelehrt oder ausgeübt worden. Deshalb wurde früher von den Christen auch nie ein Sündenbekenntnis vor einem Priester verlangt. Die Menschen des ersten Christentums wurden aufgefordert entsprechend der Lehre Christi, einander die Sünden zu bekennen, nämlich die Sünden, die sie gegeneinander begangen hatten. Sie sollten das Unrecht, das sie ihren Mitmenschen zugefügt hatten, diesen eingestehen und dadurch die Versöhnung herbeiführen.

Wäre zur Sündenvergebung das Bekenntnis vor einem Priester und dessen Lossprechung erforderlich, dann würden Christus und die Apostel es nicht unterlassen haben darauf hinzuweisen.

Eine Änderung des »Vaterunser« Textes wird vom Autor Alfred Pirker vorgeschlagen:

»und führe uns nicht in Versuchung« hat zu lauten **»Führe uns in der Versuchung«.** Der »Geist Gottes oder göttlicher Geist« führt niemanden in die Versuchung, sondern wir bitten Ihn, dass er uns in der Versuchung führt.

Es wäre Zeit, dass sich Bürger und Regierungen von der katholischen Kirche nicht weiter verführen lassen. Für diese vom Staat akzeptierte Narrenfreiheit für Religionen zahlt der Bürger Steuer in doppelter Weise. Alle Staatsbürger finanzieren gemäß Konkordat den Religionsunterricht in den Schulen und die Ausbildung auf den Universitäten. Die Mitglieder zahlen Kirchensteuer, deren Abschreibung die Einnahmen reduzieren.

Was auf Vernunftebene als Scherz aufgefasst werden kann, ist leider gesetzlich abgesicherte Realität. Nach kirchlicher Auffassung »höchste aller Wissenschaften« bringt Wissenschaft und Forschung in Verruf, da Logik und neue Erkenntnisse keine Chance auf Akzeptanz haben.

Der Vergleich mit einem Kabarett ist nicht absurd. Diese tragische Komödie wird der Menschheit seit Jahrhunderten erfolgreich vorgeführt. Die Repräsentanten im roten Purpur werden ihr Spiel mit politischer Unterstützung so lange fortsetzen, bis endlich den vernünftigen Bürgern der Kragen platzt!

Religion ist ein aufgebautes Konstrukt, das die Vorstellung des Kriteriums »Gott« in ihrem Sinne definiert, um die Menschen ihr hörig und untertan zu machen. Sie ergeben sich den Vorgaben der Kirche in der Annahme, es sei gut für Leben und Seelenheil. Ignorieren die kritische Ana-

lyse der historischen Entwicklung, die mit der Ursprungslehre von Jesus Christus nichts zu tun hat.

Dieser Institution kapitalistische und politische Interessen zu unterstellen, hat volle Berechtigung. Das schlimme
daran, in einem Kaufhaus bekomme ich brauchbare Ware.
Von der Kirche hoffnungsvolle Versprechungen, die sich
als Schwindel enttarnen lassen! Dazu dient vor allem das
erfolgreich praktizierte Sakrament der Buße. Diese Tätigkeit »als Waschmaschine von Sünden« zu bezeichnen,
entspricht der vorgetäuschten Wirkung. Sie ist Basis die
Mitglieder zum Wohle ihrer hierarchischen Institution
und deren Vertreter zu nutzen. Durch die Ideologie der
katholischen Kirche werden Gläubige anderer Kirchen
und Personen ohne Bekenntnis zu Menschen 2. Klasse deklariert. Was so manche ihrer Mitglieder bewegt, Nichtmitglieder ihrer Kirche abwertend, ja sogar verachtend
einzuschätzen.

Die Meinung, die Kirche habe sich der heutigen Zeit angepasst, ist bedauerlicherweise ein gravierender Irrtum.
Dazu hat sie sich selbst durch ihre Dogmen, die unveränderbare göttliche Wahrheiten sind, jede Möglichkeit genommen.

Wie schwerfällig und beinahe unbelehrbar sie ist, sei am
Beispiel Galileo Galilei aufgezeigt. Der Gelehrte Galileo
Galilei (1564 – 1642) vertrat die Erkenntnis (1514) des Ko-
pernikus, dass sich die Planeten, somit auch die Erde, um
die Sonne drehen. Dies stand im Widerspruch zur kirchlichen Ansicht nach der die Erde der Mittelpunkt des Uni-
versums ist, um den sich die Sonne dreht. Um dem Scheiterhaufen zu entgehen musste er abschwören, worauf ihn
das Inquisitionsgericht zu lebenslangem Hausarrest ver-
urteilte. Papst Johannes Paul II. setzte 1979 eine Kommis-
sion ein, die nach 12 Jahren Tätigkeit seine Rehabilitation
1991 rechtfertigte.

Die Nichteinmischung des Staates in kirchliche Angelegenheiten hat aufzuhören, wenn Menschenrechte und logisches Denken durch eine Religion verwehrt oder infrage gestellt wird. Es gibt keinen Beruf in einer Demokratie, der vergleichbaren Repressalien ausgesetzt ist, wie der Priesterstand. Das Zölibat, eine religiös nicht begründbare Vorgabe der römisch katholischen Amtskirche, hat schon einer beachtenswerten Anzahl von Personen menschliches Leid und Existenzprobleme gebracht. Ebenso wenig einsehbar ist die berufliche und gesellschaftliche Diskriminierung der Frau.

Keineswegs problemlos sind auch andere Religionsgemeinschaften, wenn von muslimischen Religionslehrern die Demokratie in Frage gestellt wird, oder es den muslimischen Frauen nicht gestattet ist, Andersgläubige zu ehelichen. Es wäre daher ratsam, vor der Verleihung der Staatsbürgerschaft, von Männern die Anerkennung der vollkommenen Gleichstellung der Frauen unterfertigen zu lassen. Widrigenfalls ohne »Wenn und Aber« die Aberkennung der Aufenthaltsberechtigung und Abschiebung durchzuführen ist.

Bei Verletzung der Menschenrechte hat der Staat die Pflicht zu reagieren. Der Vatikan ist nicht nur ein religiöses Zentrum, sondern auch ein souveräner Staat. Kirchenbedienstete sind, ohne der Möglichkeit eines Rechtsbeistandes in Form eines Anwalts, ihrer Institution voll ausgeliefert, was wie folgt definiert ist:

Die Kirche beansprucht aus eigenem und ausschließlichem Recht, d.h. unter Ausschluss jeder anderen irdischen Gewalt, die Zuständigkeit in allen Streitsachen (can. 1401 Codex Juris Canonici).

Es ist nicht zu erwarten, dass diese Institution ihre schweren Verfehlungen eingesteht und die Menschen in Zukunft nach den Maßstäben der Vernunft und Humanität behandeln wird.

Vergangenheit – Gegenwart

Genesis 1.28: »*Und Gott segnete sie und sprach zu ihnen: Seid fruchtbar und mehrt euch und füllt die Erde und macht sie euch untertan und herrscht über ...*«.

Dieser Bibelvers hat vom Sinn her der Erde großen Schaden zugefügt. Doch nicht nur der Mensch, auch die katholische Amtskirche hat diese für sie »göttliche Anordnung« sehr ernst genommen. Sie hat sich die Gläubigen untertan gemacht und ihnen das Joch ihrer Glaubensvorgaben aufgebürdet. Nur durch den allein sündenvergebenden, somit unentbehrlichen, Priesterstand ist es möglich das Heil zu erlangen. Diese Machtposition wurde durch ihr genehme Bibeltexte, Dogmen und Glaubenssätze abgesichert.

Schon ein Zweifel oder Widerspruch des Gläubigen kann dessen Ausschluss beziehungsweise Verdammung bewirken. Früher war die klerikale Klammer, dank Unwissenheit der Gläubigen, fest und oft unbarmherzig. Heute verliert sie durch Bildung und Wissensstand an Wirkung. Die Kirche hat durch Information und Hinterfragung sehr viel an Glaubwürdigkeit verloren

Die Wandlung vom Untertanen zum freien Menschen erfolgte keineswegs im Interesse der Kirche, die lange Zeit die Herrschaft mit den weltlichen Fürsten teilte. Die laut Kirche gottgewollte Ordnung der Herrscher wurde von demokratischen Strukturen abgelöst.

Es ist daher eine natürliche Entwicklung, dass das diktatorische Verhalten der Kirchenzentrale namens Vatikan von den heutigen Generationen mit Skepsis und Distanz wahrgenommen wird. Im Verhältnis zur rasanten Entwicklung der letzten 100 Jahre bewegt sich dagegen die Amtskirche im Schneckentempo.

Ihre Dogmen und Glaubenssätze, deren Aussagen mit Logik und Hausverstand schwer nachvollziehbar sind, werden als heilige Erkenntnis »göttlicher Eingebung« gehütet. Wird »Wahrheit« einzementiert, kann sie sich auch zur Unwahrheit wandeln. Besonders kritisch wird es, wenn diese Wahrheit Jahrhunderte dazu benutzt wird, andere zu beherrschen. Diese Herrschaftsausübung und die Nicht-akzeptanz neuer Erkenntnisse lassen die Kirche in einem sehr bedenklichen Spektrum erscheinen.

Arroganz, Menschenverachtung und Unaufrichtigkeit werden von einer Institution praktiziert, die sich nach außen als heilig und friedfertig präsentiert.

Der Begriff »Wahrheit« wird von der Kirche sehr stra-paziert. Auf weltlicher Ebene wird mit Kirchenrecht und Kirchengericht, sowie Dogmen und Glaubenssätzen ge-arbeitet.

Der Vatikan verfügt über drei Gerichtshöfe: Apostolische Pönitentiarie, Oberster Gerichtshof der Apostolischen Si-gnatur und das Gericht der Römischen Rota.

Nach außen wird Dogmatisierung und Konservierung als Qualitätsmerkmal ihrer Lehre verkauft. Die Kirche hat bis heute nicht zur Kenntnis genommen, dass Glaube aus-schließlich eine geistige Einstellung ist. Zeremonien, sak-rale Bauten und religiöse Gepflogenheiten sind Äußerlich-keiten ohne Bedeutung. Was sie als Ehre Gottes darstellt, ist das Eingeständnis, dass sie die Lehre von Jesus Christus nicht verstanden hat.

Nicht nachvollziehbar ist die Existenz einer theologischen Fakultät an den Universitäten, da Theologie dem Kriterium von Wissenschaft und Forschung nicht gerecht wird. Noch gravierender ist die Festlegung »die einzig wahre Kirche« zu sein. Ein Status, der alle anderen Kirchen brüskiert und ihren Streben nach Ökumene als Heuchelei enttarnt.

Religion entmündigt Demokratie

Die Anerkennung einer Religion ist Angelegenheit des Staates. Doch nimmt er diese Pflicht auch ernst? Mit Sicherheit nicht, sondern wie üblich opportunistisch und kirchenfreundlich. Wie wäre es ansonsten möglich, einer Kirche die staatliche Anerkennung zu gewähren, die gleichzeitig all jenen Staatsbürgern, die nicht ihre Mitglieder sind, mit der ewigen Hölle und Verdammnis droht? Das Hauptproblem vieler Religionen liegt in ihrer Intoleranz gegen über Andersgläubigen und Nichtgläubigen. Ein hoher Anteil kriegerischer Konflikte hat religiöse Meinungsunterschiede als Auslöser.

Religion wird von Regierungen und Herrschern für ihre Machtinteressen missbraucht. Resultate dieser Art sind der »heilige Krieg« der »Gottesstaat« und eine beachtliche Zahl anderer Differenzen. Das Absurde an Religionen, die eigentlich das friedvolle Leben der Menschen und Völker zum Ziel haben sollten, ist die Verachtung all jener, die nicht ihren Glauben teilen. Dieses Verhalten wird von einer Demokratie sanktioniert in Form der Anerkennung? Eine äußerst bedenkliche Entscheidung, die nach Korrektur ruft!

Konkordat – mit Demokratie unvereinbar!

Das Konkordat von 1855 mit Franz Joseph I. sicherte der katholischen Kirche maßgebenden Einfluss auf Unterricht und Eheschließungen. Nach der Verkündigung des Dogmas der päpstlichen Unfehlbarkeit im Jahr 1870 wurde vom Kaiser Franz Josef noch im selben Jahr der Vertrag gekündigt.

Deutschland und Österreich unterhalten bedauerlicherweise wieder, man kann es auch Knebelungsvertrag nennen, einen zwischenstaatlichen Vertrag namens Konkordat. In Österreich wurde am 5. Juni 1933 unter dem ab 5. März 1933 diktatorisch regierenden Engelbert Dollfuss als Kanzler und Papst Pius XII. abgeschlossen.

In Deutschland wurde am 20. Juli 1933 das Reichskonkordat zwischen dem Heiligen Stuhl und dem Deutschen Reich geschlossen, der als Staatskirchenvertrag bezeichnet wird. Darin wurde völkerrechtlich das Verhältnis zwischen dem Deutschen Reich und der römisch katholischen Kirche geregelt.

Das Konkordat mit Österreich beinhaltet eine Reihe von Zusagen, wie zum Beispiel, dass der Staat der Kirche neben der »freien und öffentlichen Ausübung des Kultus« auch »die freie Ausübung ihrer geistlichen Macht« garantiert oder dass der Kirche das Recht eingeräumt wird, »im Rahmen ihrer Zuständigkeit Gesetze, Dekrete und Anordnungen zu erlassen«. Das Kirchenrecht oder kanonische Recht, außerhalb des staatlichen Rechtes, ist in vielen Fragen entscheidend.

Dies widerspricht der bürgerlichen Rechtsordnung, weil dadurch Teile der Gesellschaft in rechtlichen Belangen für »exterritorial« erklärt werden. Der Kirche wird eine sehr bedenkliche »öffentlich-rechtliche Stellung« eingeräumt, zum Nachteil ihrer Bediensteten. Diese haben keinen Anspruch auf Rechtsbeistand und unterliegen bei »arbeitsrechtlichen Verfahren«, wie bei offen bekannten Beziehungen zum weiblichen Partner, der Willkür der Arbeitgeberinstitution Amtskirche, die ihr Urteil auf Basis des staatlich anerkannten Kirchenrechtes mittels Kirchengericht durchführt.

Die Kirche darf die Kinder in den staatlichen Schulen in Religion unterrichten und der Staat bezahlt diesen Unterricht.

Der Staat bezahlt außerdem die katholischen Privatschulen, die theologischen Universitäten, sowie die kirchliche Denkmalpflege.

Der Staat hilft der Kirche bei der Eintreibung der Kirchenbeiträge, indem er persönliche Daten von Staatsbürgern zur Verfügung stellt.

Der Staat zahlt jährlich Millionen an die katholische Kirche als »Wiedergutmachung« für eingezogenen Kirchenbesitz. Ob dieser Besitz auf rechtmäßige Weise zustande kam oder längst verjährt ist, danach fragt kaum jemand.

Empfehlung zweier klugen Frauen

Beachtenswert sind die medial empfangenen Informationen, vorausgesetzt sie glauben an die Realität derartiger Phänomene, von Hildegard von Bingen (1098 – 1179) und Teresa von Avila (1515 – 1582), zitiert aus dem Buch »Von drüben II« von Eva Herrmann:

»So gesehen eilen die Belange der Kirche einer dramatischen Wende entgegen. Die Fortgeschrittenen und daher Unabhängigeren unter euch werden kaum länger die Herrschaft einer Institution dulden, deren Träger ihre vor langer Zeit widerrechtlich angeeignete Macht keineswegs aufzugeben gewillt sind, und dies aus Motiven, die von äußerem Zynismus bis zur höchsten Religiosität reichen.

Als erstes werde dich über deine Einstellung einem Höherem Wesen gegenüber völlig klar und lösche alles aus, was in dieser Beziehung auf bloße Tradition oder autoritären Befehl zurückgeht«.

Kirchenvermögen – legal?

Die Kirche hat über Jahrhunderte ihr Vermögen in Ländereien, Immobilien, wertvollen Kunstwerken und Kapital angelegt. Sehr viel ist in die Errichtung von prunkvollen Sakralbauten und Residenzen geflossen, natürlich zur Ehre Gottes. Bezeichnet man diese Bauten als Prestigeobjekte ihrer hochrangigen Vertreter, liegt man nicht falsch. Die Eskapaden im Kirchenbau haben wenig Göttliches in sich, da sie zu Lasten der arbeitenden Menschen und Missbrauch ihrer Gläubigkeit vollzogen wurden.

Humanität war in diesen Zeiten ein wenig bekannter Begriff, der für Fürsterzbischöfe und andere Purpurträger in der Regel ein Fremdwort war. Diese Bauten werden auch eine Last in Zukunft sein. Ein hoher Anteil steht unter Denkmalschutz, der erhalten und gepflegt werden muss. Dombauhütten nennen sich diese Einrichtungen, die mit der Restaurierung und Erhaltung beauftragt sind. Die Kirche wird gemeinsam mit ihren Prestigebauten und Glaubensinhalten sukzessive zu einem musealen Objekt. Der Nachteil für die Bürger – beide stehen unter Denkmalschutz.

Die Erhaltung der Bauten macht einen Sinn, wenn diese im Rahmen der Kulturpflege auch für andere Zwecke verwendet werden. In Wert- und Kapitalanlagen der Kirche wird der Öffentlichkeit der Einblick verweigert. Zudem bezieht sie vom Staat Entschädigungszahlungen für Enteignungen im 19. Jahrhundert, deren Rechtmäßigkeit bedenklich ist. Vollkommen ignoriert wird, ob die Besitzanreicherung überhaupt als legal bezeichnet werden kann. Doch nicht nur in der Vergangenheit, auch heute genießen sie ein oft sehr vornehmes Leben. Außer ihre Ansprüche werden zu extravagant, wie es in Limburg geschah. Dieser Herr wurde nicht fristlos entlassen, sondern Herr Franz-

Peter Tebartz-van Elst genießt als Bischof sein Leben im Vatikan.

Analysiert man die bis heute erfolgreich gepflogene Vorgangsweise, wird man unweigerlich auf das Verkaufsobjekt »Sündenvergabe – Himmel« stoßen. Dazu eignet sich das Sakrament der letzten Ölung ausgezeichnet und wird bis heute mit Erfolg eingesetzt. Es ist beachtlich, dass bezüglich der Vermögensvermehrung dieser Art in der Literatur keine konkreten Angaben zu finden sind. Von kirchlicher Seite verständlich, da es dem Beichtgeheimnis untersteht.

Der erste Theologieprofessor, der die Kirche verlassen hat, Hubertus Mynarek, ehemaliger Ordinarius der theologische Fakultät Wiens gibt das Vermögen der Kirche an Liegenschaften und Immobilien allein in Rom mit rund 60 % und für Italien mit 22 % an. Stimmen seine Angaben mit der Realität überein, gehört bereits mehr als die Hälfte der Stadt Rom der Kirche! Es ist schwer vorstellbar welches Vermögen dadurch in wenigen Händen sich befindet. Somit ist es nicht verwunderlich, wenn die Maffia in diesem Land beheimatet ist. Sie hat doch die Kirche seit Jahrhunderten zum Vorbild. Er schreibt in einem seiner 36 kirchenkritischen Bücher, die Kirche sei nicht tot, sondern mausetot und existiere nur weiter, weil sie jährlich vom säkularen Staat mit drei Milliarden Euro finanziert werde. Das geschieht in Österreich, wo zwar noch 64 % katholisch sind, aber nur etwa 10 % davon an die zentralen Lehren der Kirche glauben.

Man kann diese Handlungsweise aus neutraler Betrachtung schlicht als Betrug an der Menschheit bezeichnen. Es wäre daher vom Obersten Gerichtshof klären zu lassen, wer der wahre Eigentümer ist. Die Kirche oder die betrogenen Bürger, somit der Staat?

Die Nichteinmischung des Staates in kirchliche Angelegenheiten hat dort aufzuhören, wo Menschenrechte durch eine Religion verwehrt oder infrage gestellt werden.

Der Zölibat, eine religiös nicht begründbare Vorgabe der römisch katholischen Kirche, hat schon einer beachtenswerten Anzahl von Personen menschliches Leid und Existenzprobleme verursacht. Konvertieren jedoch verheiratete Priester einer anderen Religion zur katholischen Kirche, spielt dieses Faktum schon aus Konkurrenzgründen keine Rolle.

Kirchenrecht bedeutet, der Amtskirche ausgeliefert sein! Rechtlich stellt die katholische Kirche einen Staat im Staate dar. Sie führt für die Bediensteten der Kirche eigene Gerichtsverfahren nach Kirchenrecht durch. Von Objektivität und Gerechtigkeit kann dabei keine Rede sein. Die Amtskirche hat auf Basis des Konkordates in unserem demokratischen Staat ihren eigenen Rechtsstaat, gegen den sich kein angeklagter Staatsbürger wehren kann.

Für mich ein klarer Verstoß gegen die Menschenrechte, der nach Korrektur ruft. Der Vatikan ist nicht nur ein religiöses Zentrum, sondern auch ein souveräner Staat. Kirchenbedienstete sind, ohne die Möglichkeit eines Rechtsbeistandes in Form eines Anwalts, ihrem Arbeitgeber der Kirche voll ausgeliefert, was wie folgt definiert ist:

Die Kirche beansprucht aus eigenem und ausschließlichem Recht, d.h. unter Ausschluss jeder anderen irdischen Gewalt, die Zuständigkeit in allen Streitsachen (can. 1401 Codex Juris Canonici).

Eine Religion anzuerkennen, bei der Frau und Mann nicht gleiche Rechte haben, sollte im 21. Jahrhundert in einem demokratischen Staat nicht möglich sein. Obwohl historisch erwiesen ist, dass die katholische Kirche eine taktische Konstruktion eines Weltkonzerns zu dessen Nutzen und Macht ist, gibt es bis heute keine politischen Konsequenzen!

Meidet die Pharisäer

Verkürzte Wiedergabe aus: ABD--RU--SHIN, »Im Lichte der Wahrheit«

Der Ausdruck Pharisäer ist zu einem Begriff geworden, der nichts Gutes in sich trägt. Am meisten sind sie zu finden unter den Dienern der Tempel und Kirchen. Immer waren gerade die Priester die ausgesprochenen Gegner des Lichtes und damit Feinde Gottes. Tausendjährige Erfahrungen bestätigen immer wieder, dass die Priester niemals fähig waren, Gotteswahrheit zu erkennen, sondern in ihrem Dünkel stets davor verschlossen, manchmal auch aus Furcht oder träger Bequemlichkeit. Sie haben es auch immer wieder neu bewiesen, weil sie jeden Gottesboten stets bekämpften mit den unsaubersten Mitteln, die ein Mensch nur anzuwenden fähig ist.

In jeder Art, selbst bei dem Gottessohn. Es war auch keine Menschenliebe, die die Priester dazu trieb, sondern Berufsneid. Die Wahrheit störte sie, weil sie noch nie getreu der Wahrheit lehrten, die sie selbst nicht kannten! Versenkt euch forschend in die Weltgeschichte, und ihr werdet finden, dass es niemals anders war. Aber es hat auch kein Mensch eine Lehre daraus ziehen wollen.

Gehet doch hin und fragt ernsthafte Menschen, die der Kirche dienen und trotzdem noch Mut zu offenem Bekenntnis den inneren Regungen besitzen, welche sich nicht scheuen, ehrlich gegen sich zu sein. Sie alle werden euch zugeben müssen, dass die Kirche auch noch heute jeden Menschen wird unmöglich machen wollen und gegen ihn wühlt, wenn er die starren Dogmen, die die Kirche stützen, in Gefahr des Wankens bringen kann! Auch wenn Jesus Christus noch einmal als Erdenmensch jetzt plötzlich in gleicher Gestalt wie damals unter ihnen wandeln würde! Gibt er nicht zu, dass sie in ihrer Art die einzig rechte Anschauung besitzen, behandeln sie ihn ohne weiteres als Feind und würden gar nicht zögern, ihn wiederum der Gotteslästerung zu zeihen! Sie würden ihn mit Schmutz bewerfen und es dabei an hässlichen Verleumdungen nicht fehlen lassen.

So ist es und nicht anders! Der Grund für dieses falsche Tun ist aber nicht der Drang, Gott den allmächtigen zu ehren, sondern der Kampf um Menscheneinfluss, Erdenmacht und Erdenbrot!

Ihr Menschen aber zieht aus diesen vielen Tatsachen, die doch so leicht erkennbar sind schon durch das Streiten aller Kirche unter sich, gar keine nutzbringenden Folgerungen für euch selbst und euer Suchen. Leichtfertig findet ihr euch damit ab. Wähnt nur nicht, dass auch Gott in seinen heiligen Gesetzen es damit für euch gut sein lässt! Ihr werdet jäh und rauh aus dieser unverantwortlichen Trägheit aufgeweckt!

Karol Wojtyla meldet
sich aus dem Jenseits

Magarete Kinny, ein Schreibmedium, hat von Karol Wojtyla eine Nachricht empfangen mit der Bitte, diese zu veröffentlichen, was am 01.10.2013 erfolgte.

Guten Abend meine Freunde. Gerade haben meine Brüder im Herrn beschlossen mich selig zu sprechen. Ich habe so etwas auf Erden ja auch gemacht. Ich muss euch sagen, dass das nicht richtig ist. Menschen die verstorben sind, mit Ehren zu deklarieren ist absolute Dummheit. Ich weiß jetzt, dass im katholischen Glauben vieles falsch erklärt wird. Der Papst ist nicht der Stellvertreter von Petrus. Die Hierarchie in der Kirche muss abgebaut werden.

Wir sind alle Gotteskinder und keiner ist besser oder schlechter vor Gott. Das was Jesus meinte, dient einander ist genauso gemeint. Dienen heißt, sich seinem Nächsten in Demut nähern und nicht den Nächsten in Demut nähern lassen. Ich sehe heute, dass vieles in der Kirche mit Hochmut und Macht durchzogen ist. Ich habe als Papst versucht demütig zu bleiben. Doch ich hatte nicht genug Kraft mich gegen die Meinung, dass die Priester, Bischöfe, Kardinäle usw. besser vor Gott stehen als die Gläubigen. Auch war ich zu engstirnig, was die Arbeit der Frauen in der Kirche angeht.

Es ist absolut falsch die Frauen auszuschließen vom Priesteramt. Wobei ich ja jetzt sehe, dass die Menschen gar keine Priester brauchen. Sie sind Gott und können jederzeit mit dem Vater sprechen. Auch Jesus ist immer für alle im Gebet zu erreichen. Eigentlich wird das, was Jesus uns vermittelt hat in der katholischen Kirche nicht gelebt. Ich würde heute mit meinen jetzigen Überblick alle Macht abbauen. Die Gehälter, die Roben und den ganzen Luxus der mächti-

gen Kirchenfürsten abbauen. Dieses Geld könnte man dann wirklich Armen zur Selbsthilfe überlassen, mit Anleitung der beherzten Helfer.

An meine Kollegen möchte ich die Bitte richten, lasst alle Macht, Hochmut und Lüge fallen, werdet demütig. Seht in jedem euren Bruder eure Schwester. Nehmt Jesus Worte wörtlich, werdet wie die Kinder. Öffnet euer Herz für neue Wahrheiten. Viele Menschen haben mit der geistigen Welt Kontakt. Lasst euch von ihnen Wahrheiten übermitteln und nehmt sie an. Dann ist auch ein Wandel in der Kirche möglich. Nicht die Gesetze sind wichtig, sondern die Liebe die untereinander gelebt wird. Auch sollte man die Sexualität als etwas Gottgewolltes annehmen. Mann und Frau gehören zusammen. Auch sollte man nie urteilen und von Schuld reden. Das erschwert das eigene Leben und das der anderen. Ja wie ihr seht hab ich auf Erden vieles anders gemacht als ich es euch sage. Von hier aus sieht man klar.

Alles was ist, ist Gott. So ist es. Alles liebe und Gottes Segen.

Wojtyla Karol

Eine beachtenswerte Botschaft des verstorbenen Papstes Johannes Paul II., der über ein Schreibmedium eine ergreifende Erkenntnis bezüglich der katholischen Kirche den Erdenbürgern zukommen ließ. Das Bordpersonal auf Erden wird damit keine Freude haben. Die Kirche müsste korrekterweise die Produktion ihrer »geistigen Ware« wegen Unbrauchbarkeit für das praktische Leben einstellen und den Konkurs anmelden.

Kontrastperson Emanuel Swedenborg

Besondere Erkenntnisse hatte im 18. Jahrhundert **Emanuel Swedenborg** erworben. Emanuel Swedenborg (1688 – 1772) war Wissenschaftler, Forscher und Theosoph. Er hatte die begnadete Fähigkeit, Religion in einer für diese Zeit ungewohnten Perspektive verständlich zu machen. Seine zahlreichen wissenschaftlichen Schriften verfasste er ausschließlich in Latein. Eines seiner bekanntesten Bücher war »Das christliche Totenbuch – Himmel und Hölle«. Die Wiedergabe dieses ausgewählten Textes bietet Einblick in seine Erkenntnisse.

Solange diese Dinge unbekannt sind, kann der Mensch zu dem Glauben verleitet werden, das ewige Heil sei nichts als das Ergebnis göttlicher Willkür, Barmherzigkeit und Gnade genannt. Nach dem Tod wird bei keinem Menschen mehr das Leben in grundlegender Weise mehr verändert werden und ein böses Leben unmöglich in ein gutes oder ein höllisches in ein engelhaftes umgewandelt werden. Und das deshalb, weil der Geist von Kopf bis Fuß so ist wie seine Liebe, folglich wie sein Leben – dieses in sein Gegenteil zu verkehren würde bedeuten, den Geist gänzlich zu vernichten. Das sittliche und bürgerliche Dasein ist nämlich der tätige Teil des geistigen Lebens, besteht doch das geistige Leben im guten Wollen und das sittliche und bürgerliche im guten Handeln. Der Herr wirft niemanden in die Hölle, sondern der Geist sich selbst.

Emanuel Swedenborg war eine ungewöhnliche Forscherpersönlichkeit. Nehmen Sie sich 29 Minuten Zeit zum Ansehen und Anhören des Videos seiner Lebensgeschichte auf youtube unter dem Titel »Forscher im Diesseits und Jenseits« (Sprache: deutsch).

Im Klartext formuliert ergibt sich die Schlussfolgerung, dass die Kirche das Studium der Theologie dazu nutzt, Personen zum Lügen und Betrügen auszubilden und der Staat unterstützt und fördert diese kriminelle Strategie noch!

Kein Wunder, dass der Staat Vatikan in Italien seine Herrschaftsresidenz hat, dem Ursprungsland der Mafia. Es wäre nicht verwunderlich, wenn die katholische Kirche damit den Grundstein für diese Verbrechen gelegt hätte, schließlich hatte die Vatikanbank beste Geschäftskontakte zur Mafia die vielleicht heute noch bestehen.

Eine beachtliche Anzahl von Jugendlichen und Frauen, die von Priestern missbraucht wurden, haben ihren Ursprung beim Sakrament der Buße. Priester nutzen sehr intime Gespräche in Form von Fragen vor der Lossprechung. Ich ging mit 28 Jahren in Mariazell das letzte Mal beichten. Die Fragen des Priesters, was ich mit der Frau beim Geschlechtsverkehr alles gemacht habe, waren widerlich. Ich wollte schon sagen, gehen sie zu ihrem Chef um Geld für einen Bordell Besuch zu bekommen! Das war der letzte Kirchgang in meinem Leben. Es wäre Zeit diese satanischen Handlungen zu beenden und sich vor allen Gläubigen zu entschuldigen.

Islam

Natürlich gilt gleiches auch für andere Religionen, besonders dem Islam, der zweitgrößten Weltreligion. Nach jahrelanger Beschäftigung mit Glaubensgrundlagen und historischer Vergangenheit der katholischen Kirche, wollte ich mir auch Einblick in die Religion des Islam verschaffen. Das für mich unverständliche dieser Religion, die eigentlich das friedvolle Zusammenleben der Menschen und Völker zum Ziel haben sollte, sind die Konflikte zwischen den Glaubensbrüdern Schiiten und Sunniten. Sind ihnen Humanität und Menschenrechte ein Fremdwort?

Um einen Einblick in ihre Religion zu bekommen kaufte ich die deutsche Ausgabe des Buches »Der Islam – innere Wirklichkeit und äußere Form« von Osman Nuri Topbas.

Daraus eine Teilwiedergabe des Kapitels »Handlungen, die das Glaubensbekenntnis beschädigen«, Seite 155 – 156

Auf andere als auf Allah vertrauen

Allah der Erhabene sagt im heiligen Qur`an:

»Wahrlich, Allah hat euch schon an vielen Orten zum Sieg verholfen – und am Tage von Humain machte eure große Zahl euch stolz – doch sie nutzte euch nichts. Und die Weite der Erde wurde euch zu eng – da wandtet ihr euch zur Flucht.«

Das ist der Grund, warum der Diener sich an das Prinzip halten sollte: »Dir allein dienen wir und Dich allein bitten wir um Beistand«.

Nichtbeachtung göttlicher Gebote und Verbote, um stattdessen den Wünschen des Egos zu folgen;

Dazu sagt Allah der All-Weise:

»Oh ihr Gläubigen, wenn ihr den Ungläubigen gehorcht, werden sie euch auf euren Fersen umkehren, und ihr werdet die Verlierer sein. Doch euer Beschützer ist Allah und Er ist der beste Helfer. Wir werden Schrecken in die Herzen

der Ungläubigen werfen, weil sie Allah Gottheiten beigesellen, wozu Er keine Ermächtigung herab gesandt hat. Und ihre Wohnstätte wird das Feuer sein. Und wie üblich ist die Heimstatt der Frevler! Und wahrlich, Allah hat schon Sein Versprechen euch gegenüber gehalten, als ihr sie mit Seiner Erlaubnis vernichtet, bis ihr verzaget und über die Angelegenheit in Streit gerietet und ungehorsam wurdet, nachdem er Euch gezeigt hatte, was ihr begehrtet. Einige unter euch verlangten nach dieser Welt und andere verlangten nach dem Jenseits. Alsdann kehrte Er euch von ihnen ab, um euch zu prüfen. Doch wahrlich, Er hat euch vergeben, denn Allah ist voll großer Gunst für die Gläubigen.«

Als ich dies las, war ich zu tiefst schockiert!

Ich legte das Buch beiseite und habe jegliches Interesse verloren, weiter zu lesen. Diese Ansichten sollen Frieden und Gerechtigkeit auf Erden schaffen? Hier ist Religion zum Gegenteil gemacht worden, was der Sinn einer Religion sein sollte. Ein friedvolles Zusammenleben aller Menschen auf Erden. Wie man Aussagen dieser Art verstehen soll, wird mir ein Rätsel bleiben. Besonders schockiert hat mich, dass eine Frau den Koran nicht einmal anfassen darf! Warum wird diese Religion in einer Demokratie geduldet?

Beachtenswert ist die Biographie des Propheten Mohamed. Er hatte neun Frauen. Eine von ihnen hat er, als sie 9 Jahre alt war, geheiratet. Unser Rechtsstatus würde dies als Vergewaltigung und Kindesmissbrauch deklarieren. Eine hohe Anzahl kriegerischer Konflikte waren wesentlicher Lebensinhalt dieses Herrschers.

ISLAM Patriachat

derstandard.at – Interview Lisa Nimmervoll 9. August 2021 – Teilauszug.

Es war ein aufsehenerregender Schritt, den Fatma Akay-Türker am 6. Juni 2020 setzte: Sie trat als Frauenbeauftragte der Islamischen Glaubensgemeinschaft in Österreich (IGGÖ) zurück. Damit verlor der Oberste Rat, dem 15 Männer angehörten, die einzige Frau. Akay-Türker begründete ihren Rückzug damit, dass die IGGÖ nur »Stillstand bewahren« wolle und die »Abwertung der Frauen institutionalisiert« habe. Akay-Türker hat danach die Geschichte ihrer Emanzipation im Buch »Nur vor Allah werfe ich mich nieder: Eine Muslimin kämpft gegen das Patriarchat« (Edition a, 2021) erzählt.

Akay-Türker: *Es sollte auf ein strukturelles Problem hinweisen, das durch die IGGÖ verkörpert wird, und zugleich eine Tür der Hoffnung öffnen. Ein stiller Rückzug, wie ihn viele Frauen seit langem machen, hätte niemandem geholfen. Nicht den Frauen, die seit Jahrhunderten unter dem Patriarchat leiden, nicht den österreichischen Muslimen, die unter der falsch gelebten islamischen Tradition leiden, nicht den Jugendlichen, die eine neue Lesart des Korans brauchen und ihre alltäglichen und geistigen Fragen beantworten möchten.*

Emanzipiert war ich sowieso, aber nach meinem Rücktritt fühlte ich mich erleichtert. Ich musste mich nicht mehr für die IGGÖ schämen, weil ich nicht mehr mitverantwortlich war. Zu meiner ersten Ehe will ich sagen: Ich war nicht zwangsverheiratet. Es war eine arrangierte Ehe. Ich hatte eine Möglichkeit zum Exit, die ich vielleicht erst später genutzt habe als andere. Leider vermischen sich bei dieser Frage Kultur und Religion oft. Ich wollte beleuchten, wie diese patriarchale Tradition auf das Leben von Frauen wirkt.

Die Frauen halten mehr als die Männer an der Religion fest, weil sie in dieser Welt fast keine Chance haben, glücklich zu werden. Weil vielen Frauen das Leben im Diesseits schon zur Hölle gemacht wurde, erhoffen sie ein Glück im Paradies. Ich wollte gerade diesen Frauen vermitteln, was ich alles erlebt und wie ich mich emanzipiert habe. Dass es in der Religion keinen Zwang gibt und sie sehr wohl religiös und selbstbestimmt leben können. Da es im Islam keinen Klerus und keine hochgestellten Schichten gibt, braucht man auch keinen Führer. Der Islam ist eine Religion der Selbstverantwortung und niemand ist für jemand anderen verantwortlich. Niemand kann die Konsequenzen des Handelns eines anderen tragen. Gerade der Koran ermutigt die Frauen, für ihre eigene Rechte einzustehen. Ich sehe im Gesamtkonzept des Korans ein gerechtes und geschlechtergerechtes Bild.

Akay-Türker: Den Islam kann man sehr wohl frei und selbstbestimmt leben, weil jeder nur für sich selbst verantwortlich ist. Sie sollen sich nicht einschüchtern lassen und nicht auf ihre eigene Persönlichkeit verzichten. Gott ist Allerbarmer und hat uns, den Frauen, sehr viele Rechte, Kraft und Macht verliehen. Sie sollen sich nicht auf die geringe Barmherzigkeit der Männer verlassen. Es soll ihnen auch bewusst sein, wenn sie nicht selbst für ihre Rechte kämpfen, dann können sie noch tausend Jahre auf die Gnade der Männer warten. Ich rate ihnen: Wartet nicht auf die Gnade der Männer! Meine Dankbarkeit gilt nur Gott und sonst niemandem.

»Frauen sind Freiwild«

Asylanten aus Afghanistan und deren Taten sorgen immer wieder für Aufregung und Ärger, ausgelöst durch ihre Gewalttaten und sexuellen Missbrauch von Frauen.

Prof. Albert A. Stahel von der Universität Zürich, ein Kenner der Afghanischen Kultur, gab in der Schweizer Zeitung »Die Weltwoche« folgenden Kommentar von sich, wiedergegeben als Teilauszug.

Das hat verschiedene Ursachen. Erstens mit dem Bildungsstand und mit dem in Afghanistan vorherrschenden Frauenbild. Vor allem bei den Paschtunen, die im Osten und Süden Afghanistans wohnen, ist der Wert der Frau gleich null – sie sind Gebärmaschinen und dienen als Hauskraft. Zweitens haben die jungen Menschen, die aus Afghanistan zu uns kommen, von unserer Kultur und Sprache keine Ahnung.

Drittens handelt es sich bei vielen bei uns wohnhaften Afghanen um Hasara. Das sind Nachkommen von Familien, die ursprünglich von den Russen und später von den Taliban in den Iran geflohen sind.

Auch bei den Hasara ist der Wert der Frauen gering, sie leben im familiären Rahmen als eine Art Haussklaven. Die Hasarer sind Schiiten, eine Minderheit im Vielvölkerstaat und gelten als Außenseiter. Im Iran haben sie kaum Rechte, sie dürfen nicht einmal arbeiten. Die Iraner missbrauchen sie und ziehen viele von ihnen als Söldner ein.

Wie kann in der EU eine Religion anerkannt werden, wenn sie Frauen zu rechtlose Menschen degradiert? Eine Beurteilung überlasse ich anderen, die über die erforderlichen Kenntnisse und Erfahrungen verfügen, wobei mir der Name »Hamed Abdel-Samad« einfällt.

Glaspyramide für Religionen gefordert

Obwohl wir im 21. Jahrhundert leben, darf die katholische Kirche ihrer Willkür freien Lauf lassen und der Staat unterstützt sie noch. Es ist eine Selbstverständlichkeit, dass Wissenschaft sich nach den neuesten Erkenntnissen richtet. Betrachten wir die erreichten Fortschritte in der Medizin. Längeres Leben, verbunden mit reduzierten Schmerzproblemen, technischer Unterstützung und Implantate, verdanken wir den medizinischen wie technischen Forschungserfolgen.

Die Glaubensbasis der katholischen Kirche hat sich, außer optischen Äußerlichkeiten, kaum verändert. Die Grundlage ihres Glaubens, genannt Dogmen, gelten als unveränderbare göttliche Wahrheit, gekrönt vom Dogma der »Unfehlbarkeit des Papstes« in Glaubensfragen. Zusätzlich kommt noch die Verkündigung der Glaubenssätze, deren Festlegung und außer Kraftsetzung Recht des Papstes ist. Trotz dieser diktatorisch geprägten Fehlentwicklung, schauen Regierungen demokratischer Staaten wohlwollend zu, ja sie fördern diese Institution noch und gewähren Steuervorteile!

Taktische Vorgaben zur Machterhaltung sind ihr Fundament. Die Akzeptanz der Theologie als Wissenschaft ist schwer zu verstehen. Jeder Mensch ist selbst für sein Handeln verantwortlich. Ein diktierter Glaube, der mit dem persönlichen Gewissen nicht in Einklang steht, ist ein geistiges Gefängnis. Es ist Zeit sich von der kirchlichen Bevormundung zu befreien.

Katholisches Streben ist, die Gläubigen abhängig zu machen. Selbst die weltlichen Herrscher waren Jahrhunderte der Gesinnung des Papstes ausgeliefert. Er bestimmte, wer Kaiser oder König von Gottes Gnaden wurde.

Die Beziehung der Gläubigen zu einer Religion oder Sekte hat ein sehr breites Spektrum. Von der vollkommenen persönlichen Hingabe bis zur Brauchtumspflege gibt es viele Varianten. Sehr gefährlich können Vorstellungen werden, durch Opferung des eigenen Lebens einen besonderen Status im Jenseits zu erlangen. Dies in Verbindung mit Tötung von Menschen, ist ein Kapitalverbrechen. Umso schwerer ist dieses Delikt für jene, die als Religionsvertreter Menschen dazu ermuntern und aufrufen!

Es ist sehr bedauerlich, dass im 21. Jahrhundert diese Art von Glaubensansicht, namens Terrorismus, nach wie vor aktuell ist. Als ich einen islamischen Universitätsprofessor nach seinem Vortrag mit höchst bedenklichen Koranversen konfrontierte, antwortete er: Für die Europäische Union sind diese Verse zu entfernen. Meine Gegenfrage, nur für die EU? Schweigen – war seine Antwort!

Anlass genug, das Thema Religion ohne »wenn und aber« bezüglich Nutzen und Schaden zu beurteilen. Lassen sie sich dabei nicht von der äußeren Optik in die Irre führen. Beurteilen sie mit analytischer Akribie die historische Entwicklung der Religion, sowie des Islam und seiner Spaltung in Sunniten – Schiiten. Die grausamsten Aktionen der katholischen Kirche waren Kreuzzüge, Hexenverbrennungen und der 30- jährige Krieg.

Ähnliches gilt auch für die übrigen Weltreligionen. Nicht zu unterschätzen sind Sekten, die extreme Abhängigkeit ihrer Gläubigen fordern. Ein Beispiel dafür ist die in USA und auch in einigen EU-Staaten als Kirche anerkannte Organisation Scientology, deren Europazentrale seit 2014 in Kopenhagen sich befindet.

Die Regierung darf derzeit die Qualität eines Glaubens nicht bewerten. Das bedeutet »Narrenfreiheit« für Religionen, auch wenn ihre Vorgaben mit Menschenrechte und Menschenwürde unvereinbar sind. Wäre Hinduismus in Deutschland und Österreich eine ausgeübte Religion, alleine das Kastensystem ist Grund genug der Nichtanerkennung.

Obwohl historische Forschung und archäologische

Funde, die von der Kirche bis heute verbreiteten Ansichten stark erschüttert haben, ist sie zu keiner Korrektur ihrer Lehre bereit. Sie kann es nicht, da Dogmen unveränderbar und ewig gültig sind. Papst Pius XII. erläuterte in seiner Botschaft zum Deutschen Katholikentag 1948 den strengen Standpunkt der katholischen Kirche:

»Wenn die Kirche unbeugsam ist gegenüber allem, was auch nur den Anschein eines Kompromisses mit anderen Bekenntnissen erweckt, so deshalb – weil es nur einen unfehlbaren Hort der ganzen Wahrheit gegeben hat und immer geben wird«.

Der Kapitalfehler der Weltreligionen ist ihre Präsentation der alles Wissenden. Irrtum ausgeschlossen, da es sich um göttliche Wahrheit handelt. Aus Machtstreben wird Denken auf Vernunftebene und angemessene Reaktion auf neue Erkenntnisse verweigert. Religion verbietet jeden Zweifel, absolute Gläubigkeit ist alles.

Sie praktiziert das mittelalterliche System der Leibeigenen- und Sklavenhaltung.

Mittels Verbände und Vereine wurde ein effizientes Netz aufgebaut, dessen Aufgabe es ist, der Kirche Einfluss in politischen und gesellschaftlichen Bereichen zu sichern. Eine Institution, die Gerechtigkeit und Vernunft ignoriert, ist sehr bedenklich und im demokratischen Sinne gefährlich. Paradebeispiel dafür ist die Regierung in Polen.

Humanitäres Wirken und Streben, unabhängig von Religion, ist die richtige Einstellung. Dieser Weg gibt Hoffnung auf positive Veränderungen. Jede Person für sich hat im Sinne »Gerechtigkeit und Humanität für alle« Entscheidungen zu treffen. Die Realisierung eines Weltethos kann nur auf religionsneutraler Ebene stattfinden.

Es ist Zeit für Religionslehren eine »**gläserne Pyramide des Erkennens**« zu errichten. Beginnend mit schwerwiegenden Kriterien wie Sündenvergabe bis auf gewohnte Brauchtumsrituale bewertend einzugehen. Im Sinne der

Aufklärung ist es erforderlich die Glaubenslehre einer Religion zu analysieren, um Klarheit bezüglich ihres wahren Wertes bzw. Nutzen zu erkennen. Die Anwendung von KI ist eine Selbstverständlichkeit.

Diese Analyse erfordert Objektivität, was ethisches und historisches Wissen voraussetzt. Die Kirche wünscht, dass ihre Religionslehrer gleichzeitig das Fach Ethik unterrichten. Diese Lehrtätigkeit von Theologen ausführen zu lassen, ist der absurde Versuch Ethik katholisch zu missionieren.

Wichtig ist auf konkrete Fakten religiöser Lehren aufmerksam zu machen, die mit Humanität und Gerechtigkeit unvereinbar sind. Auf der ethischen Lehrebene sind neueste Erkenntnisse der Quantenphysik einzubinden, die Geist als Ursprung der Materie fixiert, sowie »endloses Bewusstsein« im Rahmen der NTE (Nahtoderfahrungen).

In Anbetracht der Bedenklichkeit bestehender Religionen, ist der Ersatz dieser durch Ethik unsere zukünftige Alternative. Ethik ist den laufenden Ansprüchen anzupassen. Humanität und Umwelt ist Vorrang zu geben. Nicht der Glaube an Gott ist in Frage zu stellen, sondern was Religionsinstitutionen und ihre Vertreter daraus gemacht haben. Wichtig ist die Vermittlung von Achtsamkeit und Gerechtigkeitsempfinden zum Wohle der Gemeinschaft. Gerechtigkeit und Humanität für alle möge das zukünftige Streben sein. Ein Glaube an Gott oder an einen universellen Geist ist durchaus positiv zu sehen.

Der größte Fehler ist die Annahme der unveränderlichen Richtigkeit. Man verschließt sich damit nicht nur zukünftigen Erfahrungen und Erkenntnissen, sondern auch den veränderten Lebensbedingungen. Jede Entscheidung sollte nur so lange Bestand haben, bis sie von einer besseren ersetzt werden kann. Erfahrungs- und Erkenntnisumsetzungen schließen Veränderung mit ein.

Die Akzeptanz eines unfehlbaren Status ist das Eingeständnis der eigenen Fehlbarkeit. Sie ist eine Bankrott-
erklärung für geistige Innovation und Fortschritt. Das
kirchliche System dokumentiert, dass kategorische Ablehnung und dogmatische Fixierung die beste Sicherheit für
Unwissen ist. Diese Verhaltensweise ist symbolisch gesehen
die Schale einer Nuss. Durch die schützende Schale verbirgt
sie, dass die Nuss innen faul ist.

Entscheidend ist das Verhalten, das Achtsamkeit und Humanität Vorrang zu geben hat.

Der göttliche Funke in uns wird durch keine zeremo-
nielle Handlung aktiviert oder vernichtet. Antiquierte
Glaubenskonstruktionen, Sakralbauten und mit ihren optischen Darstellungen dürfen unser Handeln und Denken
nicht beeinflussen. Schauen wir untätig zu, hat die junge
Generation das Recht uns den Vorwurf zu machen, sie auf
den falschen Weg gebracht zu haben.

***

*»er richtig urteilen will, muss vollständig ablassen kön-
nen von jeder Glaubensgewohnheit, die er von Kindheit
an in sich aufgenommen. Die allgemeine Meinung ist
nicht immer die wahrste.«*

(Giordano Bruno)

Glaube und Wissenschaft sind Gegensätze, nach heutigem
Standard nicht vereinbar. Beide sind durch eingeschränkte
Sichtweise belastet, die eine reale Kommunikation nicht
zulässt.

Glaube ist gebunden an Religion, die fixierte (göttliche?)
Vorgaben beinhaltet. Die Fixierung durch festgelegte Bestimmungen widerspricht einer realen Perspektive. Un-

bekanntes kann weder in Bild noch Text, geschweige als gesichert deklariert werden.

Für religiöse Institutionen ist Fixierung von Vorgaben eine Grundbedingung – siehe Dogmen und Glaubenssätze – sie sind das Fundament ihrer Forderungen an die Mitglieder. Ihr jenseitiges Wohlergehen ist nach Vorstellung ihrer Vertreter abhängig von der Erfüllung der taktischen Anordnungen, genannt Gebote und Pflichten.

Diese Fixierung ist realitätsfremd, da der Geist des Menschen an seinen Körper gebunden ist. Erst durch seine Freigabe – bezeichnet als Tod – wird er in einer anderen Dimension, abhängig von seiner Bewusstseinsreife, höherer Erkenntnisse gewahr.

Naturwissenschaft ist insofern bedenklich, da beweisbare Fakten die geistige Ebene nicht mit einschließen kann, obwohl es dafür beachtenswerte Erfahrungen gibt.

Erst wenn die »Wissenschaft« sich auch der geistigen Ebene öffnet, was andere Grundsätze voraussetzt, können Fortschritte erzielt werden. Derzeit schließt die Naturwissenschaft das System der geistigen Ebene aus.

Fixierte Erkenntnisse für den geistigen Bereich wird es nie geben, da wir Menschen uns nicht anmaßen können, die Realität anderer Dimensionen klar zu erkennen.

Wir Menschen sind Suchende und werden in diesem Status bleiben.

Existenz nach dem Leben?

Die Wissenschaft ist aufgefordert sich den aktuellen Erkenntnissen des Bereiches »empirischer Jenseitsforschung« anzunehmen. Besonders beachtenswert ist die Tatsache, dass der Jenseitsbereich unabhängig von einer Religion wahrgenommen wird. Mediale Mitteilungen aus der »jenseitigen Welt« sind ein altbekanntes Phänomen. Es gibt verschiedene Varianten von Wahrnehmungen und Kontakte. Medial begabte Personen sind mit unterschiedlichen Fähigkeiten ausgestattet. Diese gehen von verbalen Antworten und Aussagen bis zum Tieftrancemedium, dessen Körper für jenseitige Mitteilungen benutzt wird, ohne von der Person wahrgenommen zu werden.

In den letzten Jahrzehnten haben außerkörperliche Wahrnehmungen, sogenannte Nahtoderfahrungen (NTE) stark zugenommen. Dies ist darauf zurück zu führen, weil früher Menschen nicht wagten darüber zu sprechen. Die Gefahr für verrückt gehalten zu werden, war sehr groß. Die Anzahl Personen mit diesen Erfahrungen liegt in der BRD im Millionenbereich. Klinische Studien ergeben wertvolle Hinweise auf die Besonderheiten dieser Ereignisse. Heute gibt es über dieses Thema eine große Anzahl von Fachbüchern und Videos.

Die **Ärztin Kübler-Ross**, geboren 1926 in der Schweiz, hat Pionierarbeit auf dem Gebiet der Todesforschung geleistet. Ihr Werk wurde mit 23 Ehrendoktoraten und zahlreichen Auszeichnungen gekrönt. Solange sie all das aufzeichnete, was ihre Patienten bis zum Tod durchlebten, fand sie Anerkennung bei ihren Kollegen.

Als sie jedoch in Vorträgen zu berichten begann, dass Sterbende ihr über außerkörperliche oder gar jenseitige Erlebnisse erzählten, die sie selbst durch eigene Erfahrungen bestätigte und nicht mehr als Halluzinationen abzutun bereit war, wandten sich viele Personen ihres Fachs wieder von ihr ab und erklärten die Schweizer Forscherin für »verrückt«. Man konnte es einfach nicht glauben, dass sie sich auf einmal einem »unseriösen« Forschungsgebiet, nämlich der Frage einem Leben bzw. geistigen Existenz nach dem Tod zuwandte. Kübler-Ross äußerte sich dazu wie folgt:

Meiner Meinung nach ist derjenige wissenschaftlich ehren-haft, der das niederschreibt, was er herausgefunden hat, und außerdem darlegt, wie er zu seiner Schlussfolgerung gekommen ist. Man müsste mir volles Misstrauen schenken und mich geradezu der Prostitution zeihen, wenn ich nur das veröffentlichen würde, was der allgemeinen Meinung gefällt. Ich denke nicht daran, Leute zu überzeugen oder gar zu bekehren. Meine Arbeit sehe ich hauptsächlich darin, das Erforschte weiterzugeben. Jene, die dafür bereit sind, werden mir Glauben schenken. Und jene, die es nicht sind, werden mit den unglaublichsten Vernünfteleien und Besserwisserei argumentieren wollen.

Kübler-Ross gab ihr Wissen in mehreren Büchern der Nachwelt weiter. Ihre Tätigkeit setzte der Psychiater und Philosoph **Raymond Moody,** geboren 1944 in den USA, fort. Er lernte Kübler-Ross 1976 kennen. Ermuntert durch Kübler-Ross, die seine Arbeit von Beginn an unterstützte, hatte er 150 Fallbeispiele gesammelt mit Berichten von Menschen, die klinisch tot waren, jedoch wieder ins Leben zurückgeholt wurden. Moody war der Erste, der die Nah-tod-Erfahrungen klassifizierte und verschiedene Merkmale ausarbeitete. Sein Hauptwerk »Leben nach dem Tode« er-reichte eine hohe Auflagenzahl.

In seinem Folgebuch »Nachgedanken über das Leben nach dem Tod« wird auf Kriterien eingegangen, dessen Aussage in Kurzform erfolgt.

Vision des Wissens: zeitloser Zustand von Vergangenheit, Gegenwart, Zukunft. Diese Berichte resultieren auf einen einheitlichen Bewusstsein Zustand, mit der Akasha Chronik vergleichbar.

Verwirrte Geister: Wesen in einem verwirrten Seins Zustand, noch nicht getrennt von der Erde. Ausgelöst durch negatives Verhalten während des Lebens.

Gericht: Berichte über eine Gesamtschau des Lebens und Erkennen von Gut und Böse.

Selbstmord: Sie unterscheiden sich von den anderen Erfahrungen. Ein allgemeines Urteil ist nicht angebracht, sondern Verständnis.

Im deutschen Sprachraum gehört **Bernard Jakoby**, geboren 1957, zu den bekanntesten Fachleuten dieses Gebietes. Er ist Dozent für Sterbeforschung und Sterbebegleiter. Seine Fachbücher sind eine ausgezeichnete Lektüre, klar und sachlich gehalten, eine wertvolle Hilfe für Personen, deren Schwerpunkt die Altenbetreuung ist.

In Folge die neun Merkmale der Nahtod-Erfahrung nach Bernard Jakoby aus seinem Buch »Auch Du lebst ewig – Ergebnisse der modernen Sterbeforschung«:

1. Das Gefühl, tot zu sein.

2. Frieden und Schmerzfreiheit: Die Bande, die an die Welt binden, werden gekappt.
Alle körperlichen Beschwerden und Schmerzen sind verschwunden. Blinde sind plötzlich sehend. Rollstuhlfahrer und Amputierte erfahren sich als heil und gesund.
Wenn die Betreffenden später wieder zurückkehren, sind

die entsprechenden Schmerzen und Behinderungen wie vorher.

3.Die außerkörperlichen Erfahrungen.

4. Das Tunnelerlebnis: Dieser Aspekt ist der bekannteste der Todes-nähe-Erfahrung. Allerdings nicht jeder erlebt sie. Manche sprechen von Dunkelheit oder Leere.

5. Lichtgestalten: Einige treffen schon im Tunnel verstorbene Verwandte und Freunde oder andere Lichtwesen. Ein wunderbares Umfeld, wesentlich schöner wie auf Erden, wurde wahrgenommen.

6. Das Lichterlebnis: Eine Vielzahl von Nahtod-Studien hat aufgezeigt, dass die Begegnung mit dem Licht, welches als bedingungslose Liebe empfunden wird, das entscheidende Element der Nahtod-Erlebnisse ist und den Menschen für immer verwandelt. Dieses Licht entstammt den Forschern zufolge aus einer Quelle außerhalb des Körpers.

7. Die Lebensrückschau: Der Lebensfilm hat zwei Komponenten. Er kann neutral gesehen bzw. beobachtet werden als szenischer Ablauf von Bildern, der das Leben in seinen positiven und negativen Aspekten rückläufig umfasst.

8. Die widerwillige Rückkehr: Menschen, die eine intensive Nahtod-Erfahrung gemacht, die das Licht gesehen und emotionale Ekstase gespürt haben, kehren höchst ungern in die diesseitige irdische Welt zurück. Sie möchten in diesem Zustand der Seligkeit verbleiben.

9. Die Persönlichkeitsveränderung: Die meisten Menschen mit einer Nahtod-Erfahrung verändern sich danach gravierend.

Menschen mit Nahtod-Erlebnissen sind in der Regel liebevoller und warmherziger als vorher. Sie haben keine Angst mehr vor dem Tod. Sie haben mehr Freude am Leben. Materielle Dinge verlieren an Bedeutung. Sie begreifen den tiefen Sinn des Lebens. Zur Korrektheit wird erwähnt, dass Personen auch von negativen Erfahrungen berichtet haben. Die Annahme des Prinzips von Ursache--Wirkung nach dem Schema »Was du säst, wirst du ernten« sollte nicht ignoriert werden und entspricht der ursprünglichen christlichen Lehre.

Beachtenswert ist auch die Unabhängigkeit von einer Religion. Das Ablaufschema war für alle Betroffenen auf der gleichen Erfahrungsebene, unabhängig zu welcher Religion sie sich bekannten. Religion war somit kein bestimmendes Element. Eine Tatsache, die Beruhigung und Zuversicht auslöst. Erkenntnisse dieser Art werden aus der Perspektive von Logik und Gerechtigkeit betrachtet auch erwartet. Die persönliche Unabhängigkeit von Religion ist somit nicht negativ, sondern als positiver Status zu bewerten.

Heute gibt es über dieses Phänomen einen hohen Wissensstand, der in Büchern und Videos dokumentiert ist. Einen wirklich beachtenswerten Blick in die andere Dimension wird von einer Person präsentiert, die im Teamwork mit 10 Spitälern ein Forschungsprojekt der Besonderheit durchgezogen hat.

Pim van Lommel, geboren 1943, war als Kardiologe in leitender Position tätig. Die jahrelangen beruflichen Erlebnisse bewirkten eine gravierende Veränderung seiner Ansicht. Seit 1986 untersucht er Nahtoderfahrungen aus wissenschaftlicher Sicht. Zehn Spitäler beteiligten sich an dem Projekt. Er ist Mitbegründer der niederländischen Sektion der International Association for Naer-Death Studien. Die medizinischen Fakten bezüglich Nahtoderfahrungen hat er in seinem Buch »Endloses Bewusstsein« dokumentiert, dessen Inhalt auch als Kurzfassung in Form eines Vortrages von ihm auf youtube zu hören ist.

Kurz zwei besonders beachtenswerte Feststellungen des Kardiologen Pim van Lommel im Rahmen seiner Herzoperationen bei vollkommenem Stillstand des Gehirns, somit der Denkfähigkeit des Patienten. Blinde waren in der Lage nach dem Nahtoderlebnis genaue Details der Operation zu schildern, die sie sehen konnten. Taube haben Gespräche während der Operation inhaltlich wiedergeben. Seine persönliche Erkenntnis: Bewusstsein ist im Hirn nicht zu finden.

Das bedeutet – **der Mensch hat ein nicht lokales Bewusstsein unabhängig von seinem Körper.** Er legt damit das Fundament einer neuen Betrachtungsweise, die von besonderer Wichtigkeit ist. Eine Erkenntnis, die die Nacht zum Tag macht.

Kommentar Pim van Lommel*: Noch immer gibt es mehr Fragen als Antworten. Doch angesichts all der geschilderten Bewusstseinserfahrungen sollten wir ernsthaft die Möglichkeit in Erwägung ziehen, dass der Tod ebenso wie die Geburt nur einen Übergang in einen anderen Bewusstseinszustand darstellt. Die fast zwangsläufige Schlussfolgerung, dass das nichtlokale Bewusstsein nach dem physischen Tod in einer anderen Dimension, einer immateriellen Welt, fortbesteht, in der Vergangenheit, Gegenwart und Zukunft geschlossen liegen, verändert unsere Sicht auf den Tod. Wenn unser Körper endgültig tot ist, stehen wir mit diesem endlosen Bewusstsein in Verbindung oder sind, besser gesagt, zu einem Teil von ihm geworden.*

Walter van Laack, geb. 1957 in Köln, ist Facharzt für Orthopädische Chirurgie und Akupunktur. Er lehrt an der Hochschule Aachen die Fächer Medizintechnik, Orthopädie und Grenzgebiete der Medizin. Van Laack befasst sich intensiv mit dem Thema Nahtoderfahrungen und ist Autor mehrere Bücher.

Eines seiner speziellen Erfahrungen sind die NTE von Kindern. Dazu der persönliche Kommentar von Walter van Laack: *An dieser Stelle möchte ich noch einmal hervorheben, dass Blinde ihre Umwelt im Rahmen einer NTE mit OBE erstmals überhaupt oder nach vielen Jahren ihrer Erblindung wieder genau beschreiben können, und dass Kinder während ihrer OBE immer nur verstorbene Personen treffen, nie aber ihre noch lebenden Eltern. Das aber wäre eigentlich naheliegender. Beides scheint mir bezeichnend für die Realität von OBE zu sein. So gibt es seriöse Berichte von Kindern, die im Rahmen ihrer OBE bei einer NTE liebevoll von Personen empfangen und umsorgt werden, die sie nicht einmal kennen. Später, vielleicht beim Blättern eines Fotoalbums, erkennen sie diese Personen und erfahren dann, dass es sich hier um längst verstorbene Großeltern gehandelt hat, die sie nie zuvor kennen-gelernt hatten.*

OBE ist die Abkürzung für das englische »Out-of-Body-Experience(s)«.Im deutschen Sprachraum nennt man sie »Außerkörperliche Erfahrung(en)« (AKE), »Exkursion(en)« oder »Entkörperlichung(en)«.

Thomas Campbell

Thomas Campbell ist Physiker, Bewusstseinsforscher und Autor der My Big TOE Triologie (Meine große Theorie von allem), welche die Struktur unserer Realität beschreibt und gleichzeitig eine umfassende Theorie über Bewusstsein liefert. Seine Theorie erklärt den Zweck von Realität und unsere Verbindung mit ihr.

Dabei leitet Tom eine fundamentalere Basis für Wissenschaft her, welche die drängendsten Probleme und Paradoxien der modernen Physik erklärt.

Unsere persönliche Evolution besteht in dem Ziel, die

Qualität unseres Bewusstseins zu erhöhen. Dies tun wir, indem wir uns von unserem ursprünglichen Zustand der Angst zu einem Zustand der Liebe entwickeln. Das ist spirituelles Wachstum.

Wahre Liebe ist bedingungslos. Sie ist allein auf das Wohlergehen anderer ausgerichtet (Was brauchen die anderen? Wie kann ich ihnen helfen?)

Glaubenssätze sind immer ein Problem, auch in Bezug auf Spiritualität. Wer etwas glaubt, verhindert, dass er etwas Neues lernt, weil er nämlich meint, die Antwort bereits zu kennen. Unser individuelles Bewusstsein ist Teil eines gigantischen Bewusstseinssystems. Dieses Bewusstseinssystem ist in einem Prozess unendlicher Evolution.

Bewusstsein existiert so, wie wir es erfahren: als ein informationsbasiertes, sich seiner selbst bewusstes und sich selbst modifizierendes System und dass Evolution existiert, so wie wir sie erfahren: als einen Prozess natürlicher Auslese – einen Prozess, der über die Zeit als sich selbst modifizierendes System dazu führt, seiner internen und externen Lebenswelt besser gerecht zu werden.

Die 15 Wahrheiten des Thomas Campbell

1. *Lassen Sie Verständnis und Orientierung dadurch entstehen, indem Sie an sich selbst arbeiten, um sich zu verbessern. Wenn sie versuchen, beides durch ihren Intellekt zu erhaschen, ist es eher unwahrscheinlich, dabei Erfolg zu haben.*

2. *Informationen über physische Objekte oder Wesen existieren unabhängig von ihnen und sind in der Regel für jeden verfügbar.*

3. *Die Wahrnehmung von nicht-physischen virtuellen Realitäten muss nicht in einem Zustand geistiger Umnebelung stattfinden. Es bedarf dafür auch keiner komplizierter Pro-*

zesse oder Rituale. Es muss auch kein Übergangsprozess zwischen beiden Realitäten durchlaufen werden.

4. Die Bewusstseinsdatenbanken der Vergangenheit bestehen aus wahrscheinlichkeitstheoretischen Modellen ohne freien Willen. Jeder Mensch basiert auf einem wahrscheinlichkeitstheoretischen Modell, welches über Bewusstsein mit freiem Willen ausgestattet ist und sich in einer virtuellen Erfahrungswelt befindet.

5. Bewusstsein ist der einzig aktive Bestandteil, alles andere sind Glaubenssätze, Rituale oder Werkzeuge.

6. Im Wesentlichen erschaffen wir unsere eigene individuelle Realität und wir erschaffen unsere kollektive Realität. Unser Seinszustand bestimmt, was wir erleben und wie wir handeln.

7. Sie müssen die volle Verantwortung für ihren gegenwärtigen Bewusstseinszustand übernehmen, denn Sie haben ihn zu dem gemacht, was er gegenwärtig ist. All ihre bisherigen Erfahrungen und Entscheidungen stehen zusammengenommen für das, was sie heute sind. Wenn Sie sich auf dieser Ebene verändern wollen, müssen Sie Ihre Absicht und die Entscheidungen, die sie treffen, verändern.

8. Das größere Bewusstseinssystem schenkt ihnen nur selten etwas. Änderungen auf der Seinsebene müssen Sie sich hart erarbeiten. Handeln, wünschen, wollen oder erwarten sind wenig hilfreich, wenn sie diese nicht in Änderungen auf der Seinsebene transformieren können.

9. Im Wesentlichen bekommen Sie das, was sie brauchen und was sie verdienen. Damit will ich sagen: Sie werden mit Herausforderungen auf eine Weise konfrontiert, die Sie sich verdient haben, die angemessen ist und die dem entspricht, was das Richtige für sie ist.

10. Kontrolle ist eine Illusion. Sie haben die meiste Kontrolle über Ihr Leben, wenn Sie aufhören zu versuchen, alles um Sie herum zu kontrollieren oder zu manipulieren. Ihr Leben wird sich optimal entwickeln, wenn sie es schaffen, dass Ihre Ängste, Ihre Wut und Ihre Glaubenssätze nicht mit dem natürlichen Entfaltungsprozess Ihres Lebens kollidieren, denn Harmonie ist der natürliche Zustand.

11. Die große Mehrheit der Menschen versucht das Beste zu tun, was im Rahmen ihrer Möglichkeiten liegt. Theoretisch könnten wir zwar alle besser handeln, aber ich rede hier von der praktischen Ebene und da tun wir das Bestmögliche, basierend auf unseren Fähigkeiten. Wir sitzen alle im gleichen Boot und ringen mit Herausforderungen. Deshalb sollten wir uns liebevoll und rücksichtsvoll begegnen anstatt uns mit Wut, Frustration oder Herablassung.

12. Bei Weiterentwicklung geht es nicht ums Handeln, sondern ums Sein. Wachstum und Bewusstseinsentwicklung muss auf der Seinsebene stattfinden und weniger auf intellektueller Ebene. Das war eine wesentliche Einsicht für mich, denn ich war ein linkshirnlastiger Physiker als ich meine Entwicklung in den frühen 70ern begann.

13. Die grundsätzliche Funktionsweise des Evolutionsspiels lautet: Irgendwas passiert, und wir müssen entscheiden, wie wir damit sinnvoll umgehen. Dabei können wir uns sowohl weiterentwickeln als auch Rückschritte machen. Jeder von uns trifft jeden Tag hunderte von kleinen Entscheidungen. Jede unserer Handlungen basiert auf Entscheidungen und einer Absicht, welche die Handlung motiviert.

14. Die physische Realität ist eine Illusion. Nur Bewusstsein ist fundamental. Was wir als physische Realität bezeichnen, ist eine sich weiterentwickelnde digitale Simulation, welche die Beschränkungen und Interaktionen für uns als mit freiem Willen ausgestattete Bewusstseinseinheiten erzeugt.

15. Physik und Metaphysik, Ethik und Moral, Verstand und Materie, das Normale und das Paranormale, Onthologie und Theologie, folgen alle den selben Grundregeln und leiten sich aus dem selben Verständnis ab. Sie sind alle abgeleitet aus den gleichen Grundprinzipien.

Kluge Lehrsätze für Vertreter der Religionen und Regierungen, sowie angewandte Lebenspraxis.

Erkenntnisse dieser Art haben auch im Vatikan ihre Spuren hinterlassen. Im »Osservatore Romano« Nr.: 45 vom 6.11.1998 deutsche Ausgabe findet sich folgender Kommentar über die Nahtoderfahrungen:

Man darf allerdings nicht glauben, dass das Leben nach dem Tod erst mit der endzeitlichen Auferstehung beginnt. Dieser geht in der Tat jener spezieller Zustand voraus, in dem sich jeder Mensch vom Augenblick des Todes an befindet. Es handelt sich um eine Übergangsphase, bei welcher der Auflösung des Leibes die Fortdauer und Subsistenz eines geistigen Elementes gegenübersteht, das mit Bewusstsein und Willen ausgestattet ist, so dass das »Ich des Menschen« weiterbesteht, wobei es freilich in der Zwischenzeit seiner vollen Körperlichkeit entbehrt.

Ein Eingeständnis der Kirche Berichte und Informationen dieser Art nicht mehr ignorieren zu können. Die fortwährende geistige Existenz lässt sich auch mit der Formulierung einer »endzeitlichen Auferstehung des physischen Körpers« nicht einschränken, sondern hat nach dem derzeitigen Wissensstand eine hohe Wahrscheinlichkeit.

Der Abschied von der körperlichen Auferstehung fällt der Kirche schwer und darf dogmatisch auch nicht vollzogen werden. Ihre Sammlung an unglaubwürdigen Dogmen und Glaubenssätze, konkret zum Thema das Dogma »Alle Toten werden am Jüngsten Tag mit ihren Leibern wieder auferstehen«, würde den längst fälligen Einsturz ihres über Jahrhunderte gepflegten Kartenhauses beschleunigen.

Reinkarnation

Die Frage – hat das Leben einen Sinn? Stellt sich so manche Person in einer ausweglos scheinenden Situation der Verzweiflung und Frustration. »Warum lässt Gott das alles zu?« Immer wieder wird von Menschen berichtet, die erbärmlichen Situationen gnadenlos ausgeliefert sind. Insbesondere, wenn man von der Basis eines gerechten und barmherzigen Gottes ausgeht, sind Zweifel dieser Art durchaus nachvollziehbar. Für diese Fälle hat die katholische Glaubenslehre keine Erklärung. Der Verzweiflung folgt nicht selten Selbstmord, der aus kirchlicher Sicht sehr negativ bewertet wird. Es ist noch kein Jahrhundert her, als Selbstmörder außerhalb des Friedhofes bestattet wurden. Ein grausames Beispiel des Ausschlusses aus der religiösen Gemeinschaft ohne Mitleid und Barmherzigkeit.

Man muss sich der fernöstlichen Religionen bedienen, um für diese Menschen auf religiöser Basis eine verständliche Erklärung ihrer Situation geben zu können. Bedingt durch frühere Leben ist das Karma, gleich Schicksal, vorgegeben.

Tun und Handeln, sowie Denken und Fühlen erzeugt gutes und schlechtes Karma. Zweites hat eine Wiedergeburt zur Folge. Angestrebtes Ziel ist, durch ein positives Leben diesen Kreislauf zu beenden und ins »Nirvana« einzugehen. Durch positives Handeln in schwierigen Situationen wird negatives Karma abgebaut, um dem Nirvana näher zu kommen.

Eine Möglichkeit der Erkenntnis sind mediale Erfahrungen. Sie werden durch eine Anzahl von mündlichen und schriftlichen Berichten dokumentiert. Viele dieser Aussagen sind sehr ähnlich und lassen die Erstellung folgenden Konzeptes zu:

Der Mensch existiert oder lebt aus geistiger Sicht nach seinem Tod ohne Körper in der jenseitigen Welt. Er ist somit Bürger des Diesseits und Jenseits. Diese Geistseele ist der Grund warum das Leben überhaupt lebenswert ist! Sein geistiges Abbild ist geprägt von den positiven und negativen Handlungen, sowie Gedanken während seines Lebens.

Der Mensch, der Gruppe der Säugetiere zugeordnet, ist das mit Abstand hilfloseste Lebewesen unmittelbar nach der Geburt. Seine Besonderheit gegenüber dem Tier ist sein Denkvermögen und die in ihm innewohnende Geistseele.

Natürlich wäre es für uns Erdenbürger wünschenswert, diese Jenseitswelt von hier aus besser zu erkennen, um daraus die Vor und Nachteile unserer Handlungen für das Jenseits richtig beurteilen zu können. Schließlich soll die zukünftige Jenseitsperspektive eines Menschen nicht zum Spekulationsobjekt werden, sondern Basis seiner Verhaltensweise.

Der jenseitige Bereich ist nach den medialen Erkenntnissen in sieben Sphären eingeteilt, die im katholischen Sinne die Bereiche Hölle bis Himmel darstellen. Die wesentlichen Unterschiede sind jedoch, dass es sich dabei um geistige Einstellungen handelt. Je höher in den oberen Bereichen, desto stärker ist Harmonie und das Glücksempfinden. Je tiefer in den unteren Sphären, umso stärker ist negative Belastung und das Böse existent. »Was du säst, wirst du ernten« wird nach dem Ursache- Wirkungsprinzip Realität.

Der Dalai Lama ist die Freundlichkeit in Person. Für ihn ist Freundlichkeit gelebte Religion. Liebe, Mitgefühl und Toleranz sind für ihn Notwendigkeiten des Lebens, nicht Luxus und materieller Wohlstand. Für ihn ist Gottesliebe, wer seinen Mitmenschen echte Liebe zeigt. Glück und Zufriedenheit sind in erster Linie durch Bescheidenheit erreichbar. Tiefe innere Einkehr und Besinnung prägen das Wesen des Buddhisten.

Wie erfrischend und ermutigend diese Feststellungen des Dalai Lama auf uns wirken! Er sieht in der Religion eine positive Stütze für das Zusammenleben der Menschen, gleichgültig welcher sie angehören. Der Zweck des Glaubens an Gott besteht darin, unsere Mitmenschen zu lieben, zu achten und ihnen zu dienen. Die Mitgliedschaft zu einer Kirche ist kein Reisepass in den Himmel, sondern sie soll dienen diese Eigenschaften des Menschen zu stärken und zu festigen. Entscheidend ist das Verhalten der Menschen im Leben untereinander.

Die buddhistische Religion lehrt die vier edlen Wahrheiten.

Die Erkenntnis, dass das Leben von Leiden geprägt ist.

Die Erkenntnis, dass dieses Leiden durch Gier, Hass und Verblendung verursacht wird. Und dass das Leiden durch Beseitigung dieser Ursachen beendet werden kann.

Die vierte Wahrheit gibt die Anleitung zur Erlösung vom Kreislauf Tod/Wiedergeburt.

Nach der buddhistischen Lehre ist jeder Mensch dem Kreislauf von Geburt und Wiedergeburt unterworfen. Ziel der Buddhisten ist, durch ein positives Leben aus diesem Kreislauf herauszutreten. Dadurch sollen Leid und Unvollkommenheit überwunden und der Zustand des Nirwana (buddhistisches Heilziel, der Austritt aus dem Kreislauf des Leidens) erreicht werden.

Von der katholischen Kirche wird die Lehre von der Reinkarnation abgelehnt. Sind diese Ansichten der buddhistischen Lehre deshalb für uns tabu?

Kehren wir von der Theorie zurück in den Alltag des Lebens.

Ein Mensch, von Geburt aus schwer behindert, verurteilt

sein ganzes Leben im Bett und Rollstuhl zu verbringen. Fragen sie einen Pfarrer wie das schwere Schicksal der Person aus Sicht der Religion zu erklären ist. Er wird ihnen keine Antwort geben können oder wie es in der Praxis passiert »Ich verstehe nicht warum sie sich darüber Gedanken machen?«

Lassen wir die Betroffene namens Susanne, 43 Jahre alt und seit Geburt schwer behindert, mit zu Wort kommen. Susanne, kurz Susi genannt, kann weder lesen noch schreiben. Ein spezieller Rollstuhl ist ihre einzige Möglichkeit um ins Freie zu kommen. Natürlich macht sich Susi darüber Gedanken und mit dieser Frage hat sie mich schon zu Beginn unseres Kennens vor Jahren konfrontiert. Ich habe mich bemüht, nach einer möglichen Erklärung des Trostes im Rahmen der christlichen Religion zu suchen, jedoch ohne Erfolg. Konkrete Aussagen findet man bei den fernöstlichen Religionen. Reinkarnation und Karma sind bei den zwei Weltreligionen Buddhismus und Hinduismus das Urgestein.

In unserer Runde sahen wir uns den Film von der Auffindung der Reinkarnation des gegenwärtigen Dalai Lama an, der sehr beeindruckende Fakten aufgezeigt hat. Die Berichte eines amerikanischen Universitätsinstitutes, deren Inhalt die wissenschaftlichen Untersuchungsergebnisse einer Reihe von Reinkarnationsfällen beinhalten, machen es schwer den Wahrheitsgehalt der untersuchten Ereignisse in Frage zu stellen.

Karma, in enger Verbindung des Ursache-Wirkungsprinzips, ist dabei der wesentliche Erklärungsfaktor. Nachdem ich Susi die buddhistischen Glaubensansichten erklärte und mit ihr darüber diskutierte, ergab sich anschließend folgendes Gespräch. »Susi nach dieser religiösen Ansicht könntest du in deinem früheren Leben vielleicht eine sehr schöne Prinzessin mit einem kalten Herzen gewesen sein, die viele Verehrer ins Unglück stürzte«. Sie lachte herzhaft, jedoch nicht ohne ernsthafte Hintergrundgedanken. Vielleicht ist deshalb dein Leben sehr eingeschränkt, um dir die Chance zu geben, dich intensiv mit geistigen Inhalten des Lebens und dessen Sinn zu beschäftigen. Nach dieser Überlegung wurde Susi auf einmal sehr ruhig und man merkte förmlich wie in den folgenden Minuten ihres Schweigens tiefschürfende Gedanken durch ihren Kopf gingen.

Der Hinweis, dass dies nicht Realität sein muss, sondern eine Vermutung ist, entlockte ihr wieder ein Schmunzeln. Eine besinnliche Mine der Erleichterung erfasste sie.

Natürlich ist auch in der christlichen Religion das Ursache-Wirkungsprinzip nicht unbekannt und wird mit der Wortfolge »Was du säest, wirst du ernten« ausgedrückt. Betrachtet man so manche Lebensinhalte von Personen, ist die Annahme eines einzigen Lebens schwer als glaubhafte Variante zu akzeptieren.

Susi ist keine Buddhistin. Doch die mögliche Erklärung von Menschenschicksalen auf Basis von Reinkarnation und Karma hat bei ihr Eindruck einer gewissen Befriedigung hinterlassen. Erklärende Gedanken auf ihre sehr ernste Frage, die sie schon Jahre quälte. Das Gefühl von Ungerechtigkeit durch Leiden wurde dadurch gemildert.

Uns beiden ist bewusst, dass dies mangels höherer Erkenntnisse nur der Versuch einer Erklärung ohne jeden Wahrheitsanspruch ist. Entscheidend dabei ist nicht die Garantie auf Wahrheit. Sondern einen Weg zu finden, der ihr in der quälenden Lebensfrage einen Funken an Sinn und somit Einsicht erkennen lässt.

Nehmen sie solche Fragen nicht auf die leichte Schulter. Bevor sie sich unbedacht drüber äußern, bekennen sie keine Antwort darauf zu finden. Zu nahe liegen bei unüberlegten Aussagen Kränkung und Demütigung der betroffenen Person. Der Kommentar des katholischen Seelsorgers »warum sie sich dafür überhaupt interessieren?« war für Susi keine Antwort, sondern eine persönliche Beleidigung. Die Qualität des Denkens und Redens darf besonders in solchen Fällen nicht außer Acht gelassen werden.

Susi beschäftigt sich intensiv mit Meditation. Damit fördert sie eine positive Lebenseinstellung, um mit ihrer Situation besser zu Recht zu kommen. Heute geht es Susi nach ihrer eigenen Ansicht besser als manchen anderen mobilen Menschen. Sie kann klare Gedanken fassen und hat ein sehr gutes Gedächtnis. Ruhe, Einsicht und Zufriedenheit ist ihr Ziel. Dies ist jedoch keineswegs ein Widerspruch zu ihrem lebendigen Goscherl. Wenn die Gedanken sprudeln, kann ihr Mund schwer ruhig sein.

Religionen, in denen Karma und Wiedergeburt fixer Bestandteil des Glaubens ist, werden Fragen dieser Art durch die Glaubenslehre beantwortet. Es geht nicht darum, welche Religion die Richtige ist. Sondern was ist die beste Unterstützung für ein glückliches und zufriedenes Leben. Was nützt es Gläubigen, Mitglieder der einzig »wahren Kirche« zu sein, wenn einem für die Anwendung menschlicher Intelligenz und Vernunft die ewige Verdammnis droht?

Auch im frühen Christentum existierte die Ansicht von »Tod und Wiedergeburt«. Vertreten wurde sie auch von Origenes von Alexandria (185 – 254) der wohl genialsten und einflussreichsten Persönlichkeit des Urchristentums. Sein Name wird auch im Zusammenhang mit der Reinkarnationslehre genannt. Er war der erste und einer der größten Bibelkenner des frühen Christentums. Der Fall »Origenes« ist in der katholischen Kirchengeschichte vermutlich der erste Konflikt zwischen einem unabhängigen Gelehrten und einer autoritären Kirchenführung. Die Lehren von Origenes wurden im Jahr 553 am Konzil von Konstantinopel unter Kaiser Justinian aus der Kirche verbannt. Der Konzilsbeschluss kam unter massivem Druck des Kaisers auf den Papst Vigilius, der sich lange dagegen wehrte, zustande.

Ab Kaiser Konstantin dem Großen waren Kirche und weltliche Macht eng verbunden. Der weltliche Herrscher diktierte sehr oft im Interesse des Reiches Lösungen für bindende Glaubensfragen. Origenes wurde durch den Kaiser vom Gelehrten zum Ketzer.

Ian Stevenson (1918 – 2007) ist der Begründer der Reinkarnationsforschung. Er erregte internationales Aufsehen mit seinen Forschungsergebnissen und verfasste mehrere Bücher über die untersuchten Fälle und deren beachtenswerten Ergebnisse. In seinem Buch »Der Mensch im Wandel von Tod und Wiedergeburt« sind mehrere Fälle sehr junger Kinder dokumentiert, die sich an ihr früheres Leben genau erinnern konnten.

Dr. Jim Tucker ist Psychiater und arbeitet an der Universität von Virginia im Bereich Wahrnehmungsforschung. Er ist der Nachfolger von Dr. Ian Stevenson, der seine Forschung auf dem Gebiet von Kindern, die sich an ihre früheren Leben erinnern, bereits vor einigen Jahrzehnten begann. Dank einer großzügigen Spende konnte die Universität von Virginia die Forschung auf diesem ungewöhnlichen aber doch hochinteressanten Wissenschaftsgebiet finanzieren.

In diesem Interview spricht Jim über den Forschungsfortschritt auf dem Gebiet dieser Erinnerungen von Kindern. Die Erinnerungen beinhalten oft detaillierte Informationen, was eine problemlose Verifizierung möglich macht. In einem Fall erinnerte sich ein Kind an insgesamt 25 Namen von Personen inklusive der Beziehungen dieser Personen untereinander. Die Informationen konnten alle bestätigt werden.

Oft zeigt sich bei diesen Kindern das Phänomen von Geburtsmalen exakt an den Stellen wo Eintritts und Austrittswunden am Körper des beschriebenen Person waren und an denen die Person gestorben ist. Dabei tritt bei 35% der Kinder gleichzeitig das Phänomen auf, dass sie krankhafte Furcht bezüglich der Umstände des Todes der beschriebenen Person im eigenen Leben entwickeln (z.B. Angst vor Wasser bei Tod durch Ertrinken)

In seiner Datenbank hat Jim zur Zeit 1400 Fälle gespeichert, insgesamt verfügt er über 2500 Fälle, aber bisher konnten aus Zeitgründen noch nicht alle Fälle zur statistischen Auswertung in die Datenbank eingegeben werden.

Informationen vom Jenseits

Die Erfahrungen über Kontakte mit bereits verstorbenen Personen haben historisch gesehen schon eine sehr lange Tradition. Es gibt über diese Erkenntnisse eine große Anzahl von Berichten. Das Problem dabei ist, dass die betroffenen Personen nur ungern darüber sprechen wollen. Die Angst, nicht ernst genommen oder für verrückt gehalten zu werden, veranlassen viele darüber zu schweigen. Zu diesen Phänomenen mehr Aufgeschlossenheit zu erreichen wäre ein positiver Ansatz.

Stirbt ein Mensch, den man geliebt oder einem viel bedeutet hat, ist es in der Regel ein schmerzlicher Anlass die unvermeidbare Trennung zu akzeptieren. Trauer und Leid umgibt einem, besonders bei jungen Menschen, wie einem plötzlich verlorenen Kind. Die Eltern in ihrem Schmerz sich oft verzweifelt fragen, warum hat Gott das zugelassen? Eine Antwort wird niemand den Betroffenen geben können, sondern Trost. Sie haben sich körperlich von uns verabschiedet. Ihr Geist existiert weiter, befreit von den leiblichen Einschränkungen. Schmerz und Trauer sind etwas natürliches, die bei der Verabschiedung einer lieben Person in uns hochkommt. Dieser Zustand sollte sich jedoch zeitlich auf ein angemessenes Maß beschränken. Auch der Geist der verstorbenen Person ist vom Leid der Hinterbliebenen berührt und nimmt mit Mitgefühl seine Lieben in dieser Trauerphase wahr.

Anders sollte das Empfinden des Abschiedes bei alten und schwer kranken Personen sein, wo der Übergang ein erwartetes Faktum und für die betreffende Person in Wirklichkeit eine Erlösung von seinem Leiden darstellt. Kennt man den Alltag in einem Pflegeheim oder Hospiz, so wird einem die Erfahrung, dass so mancher Mensch den Übergang lieber schon hinter sich hätte als weiter leiden zu müssen, nichts Unbekanntes sein. Der Abschied kommt einer Erlösung und Befreiung gleich. Die Trauer sollte diesem Umstand angemessen sein. Die Trauer des Abschiedes wird kompensiert durch die Erlösung des Betroffenen von Schmerzen und Leiden.

Medial übermittelte Informationen von Verstorbenen und der direkte Kontakt mit ihnen gibt uns die Gewissheit ihrer weiteren geistigen Existenz. Viele Kontakte ergeben die Information, dass sie in einem sehr glücklichen Zustand befinden und es nicht wünschen, wenn ihre Lieben in anhaltender Trauer verweilen. Besonders Kinder, die sich von ihren Eltern frühzeitig verabschiedet haben, geben durch wahrgenommene geistige Anwesenheit den Eltern Trost und Hoffnung auf ein Wiedersehen.

Für Personen, die nicht an eine Existenz in der anderen Welt glauben, mögen besonders die Berichte von Interesse sein in denen Verstorbene ihren Hinterbliebenen exakte Hinweise über ein besonderes Gut, wie Testament, Wertpapiere oder Geldverwahrung mitteilen und damit oft ein großes Problem der Hinterbliebenen lösen konnten. Letzte Zweifel legt man ab, wenn man persönlich davon betroffen ist.

Ich war in einer schwierigen Situation als mir meine 1985 verstorbene Mutter zu Hilfe kam. Vor ihrem Grab stehend habe sie um ihre Hilfe gebeten. Ihre Antwort war »mach dir keine Sorgen, es kommt alles in Ordnung«. Die Mitteilung von ihr war in Begleitung einer beachtenswerten Art der Wahrnehmung. Ich empfand ihre Harmonie und Wärme als würde sie mich umarmen. Zufrieden und glücklich verließ ich den Friedhof. Eine Stunde später ist mein Wunsch in Erfüllung gegangen.

Eine Sammlung interessanter Berichte über diese Phänomene bietet das Buch »Trost aus dem Jenseits – Unerwartete Begegnung mit Verstorbenen« von Judy und Bill Guggenheim. Daraus entnommen sind erklärenden Worte zu diesem Thema:

Die Bereiche des Jenseits lassen sich als Bewusstseinsebenen oder Ebenen der Liebe deuten. Äußere »Landschaften« entsprechen demnach der spirituellen Wachheit oder Liebesfähigkeit derjenigen, die sich dort aufhalten. Diejenigen, die Gott wahrhaft lieben und anderen dienen wollen, leben auf höheren, helleren Ebenen weiter, in denen eine unbeschreibliche Schönheit herrscht, während diejenigen, die sehr eigensüchtig und ichbezogen sind, sich – zumindest vorübergehend – zu einem Aufenthalt in niedrigeren, dunkleren Regionen verurteilt haben.

Menschen mit Sterbeerlebnissen berichten von einer »Rückschau auf das ganze Leben« in Gegenwart eines mitfühlenden, nicht urteilenden, Lichtwesens. Sie geben an, dass ihr ganzes Leben in Bildern vor ihnen ablief, bis ins kleinste Detail, und sie alle Handlungen, Gedanken und Gefühle noch einmal durchleben mussten. Während diesen Vorgangs erkannten sie, dass ihre materiellen Errungenschaften auf der Erde wenig zählten, im Vergleich dazu wie sie andere Menschen behandelt hatten. Denn Liebe und Freundlichkeit waren der eigentliche Maßstab, an dem Erfolg und Scheitern in ihrem Leben gemessen wurden.

Nachtod-Kontakte bieten wesentlich mehr als nur Trost für die Hinterbliebenen und Beweise für das Leben nach dem Tod. Sie enthalten zahlreiche Hinweise, wie wir unser Leben sinnvoller und zufriedenstellender gestalten können. Es gibt keinen Tod für das spirituelle Wesen, dass sie in Wirklichkeit sind, sondern nur einen Wandel, eine Transformation, wenn sie ihren materiellen Körper loslassen.

Die weltbekannte Sterbeforscherin Elisabeth Kübler-Ross hinterließ uns folgende Erkenntnis: *Der Tod ist nur der Übergang in eine andere Existenz, in der es keinen Schmerz und keine Angst mehr gibt. Alle Bitterkeit und Zwietracht wird sich auflösen, und das einzige, was ewig bleibt, ist die Liebe.*

Welche Einstellung hat dazu die katholische Kirche?

RN 892: *So bekennen wir: Nach dem Vorbild unseres Hauptes (Jesus Christus) wird die wahre Auferstehung des Fleisches aller Toten kommen. Wir glauben aber nicht, dass wir in einem luftförmigen oder in irgend einem anderen Leibe, wie manche irren, auferstehen werden, sondern in diesem da, in dem wir leben, bestehen und uns bewegen. Da nun also unser Herr und Erlöser uns zum Vorbild auferstanden war, nahm er durch seine Auffahrt den väterlichen Thron wieder ein, den er seiner Gottheit nach nie verlassen hat: Dort sitzt er zur Rechten des Vaters und wird zum Ende der Zeiten als Richter aller Lebenden und Toten erwartet. Von dort wird er mit den heiligen Engeln und Menschen kommen zum Gericht, um jedem seinen verdienten Lohn zu erstatten, je nachdem er zu Lebzeiten Gutes oder Böses getan hat.*

RN 894: *Nur darum müssen wir beten und bitten: Wenn der Sohn das Gericht abgeschlossen und vollendet hat und das Reich Gott dem Vater übergibt, dann soll er auch uns teilnehmen lassen an seinem Reich. So mögen auch wir durch diesen Glauben, in dem wir ihm anhangen, mit ihm zur Herrschaft ohne Ende gelangen.*

RN 905: *Ferner bestimmen Wir: Wie Gott allgemein angeordnet hat, steigen die Seelen derer, die in einer tatsächlichen schweren Sünde verschieden, sofort in die Hölle hinab, wo sie von den höllischen Qualen gepeinigt werden. Aber trotzdem*

werden am Tag des Gerichtes alle Menschen vor den Rich-
terstuhl Christi in ihrem Leibe erscheinen und Rechenschaft
geben über ihre eigenen Taten, damit ein jeder sein Entgeld
empfange für das, war er bei Lebzeiten getan hat (2 Kor 5,10).

Es ist schlicht ergreifend mit welcher Naivität unsere jenseitige Existenz verbindlich deklariert wird. Selbstverständlich mit dem Verweis, dass andere Ansichten nur Irrtum
sein können. Auf welcher Basis sie zu der aufgezeigten
Faktendarstellung kommen, weiß vermutlich nur Gott allein. Die Vorstellung vom »Reich« und der Teilnahme an
der »Herrschaft« sind wohl den weltlichen Phantasien des
Mittelalters entsprungen und haben sehr irdischen Bei-
geschmack (Lehrentscheid Papst Benedikts XII. im Jahre
1336).

Erkenntnisse der letzten Jahrzehnte

In den letzten Jahrzehnten hat sich ein Tor geöffnet, das uns Einblick in neue Erfahrungen und Perspektiven im Grenzbereich zwischen Leben und Tod, den sogenannten Nahtoderfahrungen (NTE) gewährt. Darunter versteht man die Zeitspanne ab dem Herzstillstand bis zum Wiedereintritt des Lebens durch Reanimation. Natürlich hat es diese Phänomene auch schon früher gegeben, doch wurde ihnen kaum Beachtung geschenkt. Auch die Bereitschaft der Betroffenen über Erfahrungen während dieser Zeit Auskunft zu erteilen war mit Sicherheit gering. Nicht zu unterschätzen ist die Hemmschwelle der davon betroffenen Personen darüber zu reden. Besteht doch die Wahrscheinlichkeit nicht ernst genommen oder gar für verrückt gehalten zu werden. Heute gibt es über diese Phänomene einen gesammelten Wissenstand, der in Bücher, Videos und Filmen dokumentiert ist. Das Interesse an diesen Erfahrungen ist sehr stark gestiegen und die Hemmschwelle der Auskunftserteilung gesunken.

Nach Frau Kübler-Ross ist derjenige wissenschaftlich ehrenhaft, der das niederschreibt, was er herausgefunden hat, und außerdem darlegt, wie er zu seiner Schlussfolgerung gekommen ist. Man müsste mir volles Misstrauen schenken und mich geradezu der Prostitution zeihen, wenn ich nur das veröffentlichen würde, was der allgemeinen Meinung gefällt. Ich denke nicht daran, Leute zu überzeugen oder gar zu bekehren. Meine Arbeit sehe ich hauptsächlich darin, das Erforschte weiterzugeben. Jene, die dafür bereit sind, werden mir Glauben schenken. Und jene, die es nicht sind, werden mit den unglaublichsten Vernünfteleien und Besserwissereien argumentieren wollen.

Frau Dr. Elisabeth Kübler-Ross hat für diesen Vorgang drei sehr in die Tiefe gehende Aussagen in Spruchform geprägt:

*** *Ich glaube, es ist jetzt Zeit, dass die Leute wissen, dass der Tod gar nicht existiert, wenigstens nicht so, wie wir uns das vorstellen.*

*** *Der Tod ist ganz einfach das Heraustreten aus dem physischen Körper, und zwar in gleicher Weise, wie ein Schmetterling aus seinem Kokon heraustritt.*

*** *Sterben ist nur ein Umziehen in ein schöneres Haus.*

Kübler-Ross gab ihr Wissen in mehreren Bücher der Nachwelt weiter.

Diese Erkenntnisse haben auch im Vatikan ihre Spuren hinterlassen. Im »LOsservatore Romano« Nr. 45 vom 6.11.1998 deutsche Ausgabe findet sich folgender Kommentar über die Nahtoderfahrungen:

Man darf allerdings nicht glauben, dass das Leben nach dem Tod erst mit der endzeitlichen Auferstehung beginnt. Dieser geht in der Tat jener spezieller Zustand voraus, in dem sich jeder Mensch vom Augenblick des Todes an befindet. Es handelt sich um eine Übergangsphase, bei welcher der Auflösung des Leibes die Fortdauer und Subsistenz eines geistigen Elementes gegenübersteht, das mit Bewusstsein und Willen ausgestattet ist, so dass das »Ich des Menschen« weiterbesteht, wobei es freilich in der Zwischenzeit seiner vollen Körperlichkeit entbehrt.

Es grenzt schon an Peinlichkeit mit welchen Wortspielereien man die »körperliche Auferstehung am jüngsten Tag« zu verteidigen versucht. Wider besseres Wissen, klammert man sich verbissen an die »körperliche Auferstehung am jüngsten Tag«. Die irrtümlichen Festlegungen, von denen man kein Bekennen einer Falschaussage bereit ist, werden zu Stolpersteine dieser Institution. Eine Kirche, die den

Menschen keine wahre Lebenshilfe bietet, sondern berechtigten Anlass gibt daran zu zweifeln, ist sehr bedenklich. Eine Antwort mit klaren Worten des Widerrufs der äußerst fragwürdigen Glaubenssätze würde ihr morsches Phantasiegebäude mit Sicherheit ins Wanken bringen!

Man könnte dieses Faktum wie folgt deklarieren: Es ist unser zweiter Geburtstag, an dem wir unseren materiellen Körper verlassen dürfen. Unser Geist, vom Körper befreit, zieht in eine neue Dimension.

Im deutschen Sprachraum gehört Bernard Jakoby, geboren 1957, zu den bekanntesten Fachleuten dieses Gebietes. Er ist Dozent für Sterbeforschung und Sterbebegleiter. Seine Fachbücher sind eine ausgezeichnete Lektüre, klar und sachlich gehalten, eine wertvolle Hilfe für Personen, deren Schwerpunkt die Altenbetreuung ist.

Die Erfahrungen über Kontakte mit bereits verstorbenen Personen haben historisch gesehen eine sehr lange Tradition. Es gibt darüber eine große Anzahl von Berichten an Hinterbliebene, die durch medial begabte Personen übermittelt wurden. Ein sehr bekanntes Medium ist der aus England stammende Paul Meek, geboren in Wales 1959. In Seminaren bildet er Personen aus, zur Nutzung ihrer eigenen medialen Qualitäten. Interessant ist auch seine Beschreibung des Jenseitsbereiches oder der anderen Dimension. Es gibt keinen Tod für das spirituelle Wesen, das wir in Wirklichkeit sind, sondern nur einen Wandel, eine Transformation. Das Loslassen des materiellen Körpers ist gleichzeitig eine Befreiung des geistigen Ichs.

Auszug aus seiner Internet Homepage: *Beim medialen Abend stelle ich den Kontakt zur geistigen Welt her. Als Medium stehe ich bildlich gesehen zwischen dem Dies- und Jenseits. Mit all meinen inneren Sinnen kommuniziere ich auf mentaler Ebene mit den Verstorbenen und überbringe persönliche Botschaften an die Hinterbliebenen. Ich sehe immer ein Licht über dem Kopf von einer Person im Publikum. Dann gehe ich gezielt auf diese Person zu und beschreibe meinen jenseitigen Kontakt: Größe, Alter, Charakter und Todesursache und viele weitere Details, die letztendlich nur der Betroffene verstehen kann. Dazu brauche ich immer die Stimme von der angesprochenen Person, es ist ausreichend wenn man einfach mit einem »Ja« oder »Nein« antwortet. Mit der Stimme spüre ich dann sofort, ob der Kontakt richtig ist. Dann werde ich alle Details der Botschaft weiter geben, die ich von dem Verstorbenen übermittelt bekomme. Bedenken Sie bitte, dass Ihre Geliebten im Jenseits Ihre Stimme hören wollen.*

Seine Wahrnehmungen schließen auch Tiere (Hunde, Katzen) der Verstorbenen mit ein. Tiere werden von einer verstorbenen Person wahrgenommen, wenn sie eine besondere Beziehung während ihres Lebens zu ihnen hatten. Er ist ein Hellsehendes, nach seiner Formulierung ein hellsinniges Medium.

Eine andere Art sind die sprechenden Medien. Diese Personen befinden sich in Trance, einem Schlaf ähnlichen Zustand. Benutzt werden sie von Geistwesen als Sprachrohr. Dabei werden oft Informationen und Aufforderungen übermittelt, die sich fern dem Niveau der benutzten Person befinden und die Anwesenden ins Staunen versetzt. Historisch bekannt sind die Erlebnisse von Johannes Greber (1874 – 1944), wiedergegeben in seinem Buch »Der Verkehr mit der Geisterwelt Gottes«. Rund die Hälfte des Buchinhaltes sind Themen über mediale Erfahrungen und Personen dieser besonderen Fähigkeiten. Beachtenswert ist der Hinweis auf die Qualität der Geistwesen zu achten, um negative Einflussnahme zu verhindern.

Hörende Medien vernehmen die Stimme von innen oder

außen. Das Gehörte wird sprachlich oder per Schrift wiedergegeben. Seine Schreibhand wurde nicht von einem geistigen Wesen geführt, sondern er hat Gehörtes persönlich geschrieben. Jakob Lorber (1800 – 1864) war Schriftsteller und Musiker. Das hörende Medium hat in fünfundzwanzig Bänden, circa 10.000 Druckseiten, die inspirativ empfangene Heilslehre geschrieben. Das Gesamtwerk vom »Schreibknecht« Jakob Lorber wurde nach seinem Tod als »Neuoffenbarung« deklariert.

Bei schreibenden Medien gibt es zwei Arten.

Erstere sind die automatisch schreibenden Medien. Der Schreibakt wird ohne ihr Zutun durch jenseitige Kräfte vollzogen. Von diesen Medien gab es Menschen, die mit beiden Händen gleichzeitig zwei verschiedene Botschaften zu Papier brachten. Andere intuitiv schreibende Medien vermischen eingegebenes und unbewusstes Eigenes, deren Trennung oft schwer zu erkennen ist.

Ein ganz besonderes Medium war der Brasilianer **Carlos Mirabelli** (1889 – 1951).

Carlos Mirabelli. 1889-1951. Ein südamerikanisches Medium italienischer Abstammung, geboren 1889 in Botucatu, Sao Paolo, dessen Phänomene solche außergewöhnlichen Berichte Großbritannien und Amerika erreicht haben, dass, wenn sie zur Zufriedenheit britischer und amerikanischer psychischer Forscher bewiesen werden könnten, er als das größte Medium von allen eingestuft werden müsste ...

Kurzfassung der von Johannes Greber in seinem Buch beschriebenen Besonderheiten. Er war ein Universal Medium, der alles Bisherige übertraf. Als Sprechmedium sprach er neben heimischen Dialekten in folgenden Sprachen: Deutsch, Französisch, Holländisch, Englisch, Italienisch, Tschechisch, Arabisch, Japanisch, Russisch, Spanisch, Türkisch, Hebräisch, Albanisch, afrikanische Dialekte, Latein, Chinesisch, Neugriechisch, Polnisch, ägyptische Dialekte und Altgriechisch. Im normalen Zustand verstand er nur seine Muttersprache. In Trance hielt er Vorträge über deren Inhalt er keine Ahnung hatte.

Ebenso war er ein Schreibmedium, das in 28 Sprachen schrieb, in einer Schnelligkeit der kein Mensch in der Lage wäre. In höchster Ektase flehte er um himmlischen Beistand. Der Erregungszustand vor einer Sitzung kam, da er von einer großen Zahl von Geistwesen umgeben war, Gute wie Böse. Diese drängen ihm beim Schreiben die Hand zu führen. Mirabelli bemühte sich, durch sein Beten um göttlichen Beistand, sich nur der Guten zu bedienen.

Als physikalisches Medium sind mehrere Aktivitäten überliefert. Während seiner Anwesenheit flogen in einer Apotheke die Scheiben aus den Auslagekästen. Ein in den Gelenken beweglicher Totenkopf kam aus dem Labor und blieb schwebend in der Luft. Flog hin und her und ohne zu zerbrechen auf den Boden.

Er spielte Billard, ohne die Queue zu berühren, und so manches weitere. Diese Fakten sind von einwandfreien Zeugen beglaubigt.

Materialisationen sind das Gewaltigste, was sich durch Medium Mirabelli abspielte. Diese hier zu beschreiben, wäre zu umfassend. Im Buch von Johannes Greber finden sie davon mehrere Seiten. Abschließend der Kommentar der Schriftleitung für Parapsychologie: *Man hat gegenüber einer so umfassenden Zeugenschaft und einer so gründlich geführten Untersuchung nicht das Recht, dieses neue gewaltige Dokument für die Echtheit mediumistischer Erscheinungen zu ignorieren.*

Die Aussage von Menschen, sie hätten Kontakt mit verstorbenen Angehörigen oder Bekannten gehabt, ist nichts Neues. Absprachen zu Lebzeiten sich nach dem Tod bemerkbar zu machen, wurden oft erfüllt. Die Bitte am Grabe meiner Mutter wurde noch am selben Tag Realität. Ihre Wahrnehmung bleibt mir unvergesslich.

Der Bezug zum Weltgeschehen ist für mich eine Belastung. Die negativen Informationen übertreffen jene der positiven bei weitem. Selbst öffentliche Medien benutzen das Schema Nachfrage bestimmt Angebot. Die bedauerliche Konsequenz daraus, kaum ein Abend ohne Krimi. Die Gewöhnung an negative Handlungen kann nicht einer positiven Lebenseinstellung dienen. Natürlich entscheidet die Person. Es kann wie Drogen zum Problem werden. Gleiches findet man bei Glücksspielen und Kasinos, wofür per Gesetz öffentliche Werbung verboten sein sollte.

Für Ethik besteht die Pflicht allumfassend in Wahrnehmung und Reaktion zu sein. Das Gute und Positive zu fördern, Konträres nach Möglichkeit zu reduzieren bzw. verhindern. Somit auch die Anerkennung einer geistigen Existenz nach dem irdischen Leben. Jedoch nicht in religiöser Art, sondern aus neutraler objektiver Perspektive. Es gibt hinreichend Beweise, dass die geistige Fortexistenz des Menschen sich nicht leugnen lässt. Auch in der anderen Dimension ist das Schema »gut – böse« nicht auszuschließen.

Hermann Oberth (1894 – 1989), Vater der Raumforschung.

Die Seele überlebt ihren derzeitigen Körper um Jahrmillionen und ist wahrscheinlich überhaupt unsterblich.

Konsequenz aus aktuellen Fakten

Die Empfehlung lautet »achte auf die Qualität deines Gewissens«. Je größer der Kompetenzbereich einer handelnden Person ist, umso höher wird die Pflicht der Information. Wissensstand steht somit in Korrelation mit Verantwortung. Das ist besonders im politischen Entscheidungsbereich zu beachten, da Gesetze eine langzeitliche Folgewirkung auslösen.

In Anbetracht der in unserer Zeit schwer überschaubaren Kriterien und Faktenbereiche ist der Einsatz digitaler Intelligenz zur Entscheidungsfindung und Kontrolle eine Selbstverständlichkeit. Ohne Einbindung künstlicher Intelligenz (KI) wird es immer schwieriger, die Qualität der Entwicklung unter Kontrolle zu halten.

Das katholische und islamische Religionskonzept steht auf dem Standpunkt – so ist es und nicht anders! Religionsvorgaben und die Aktivitäten ihrer Vertreter stehen im Widerspruch zu Menschenrechten und Menschenwürde. Von dieser Perspektive aus betrachtet, kann man den Grad der Abhängigkeit von einer Religion als Maß der persönlichen Intelligenz betrachten.

Als Trichotomie wird die menschliche Dreigliederung in Geist, Seele und Leib bezeichnet. Seit dem vierten Konzil von Konstantinopel im Jahre 869 gilt diese Ansicht als Häresie. An ihre Stelle trat die Dichotomie, die einen selbstständigen Geist des Menschen leugnet. Damit hat die Kirche ihren Gläubigen die Unfähigkeit der Selbstentscheidung deklariert. Schlicht ein trauriges Zeugnis ihrer Willkür und ausgeübten Macht.

Der Mensch verfügt über angeborene Eigenschaften. Ein Merkmal ist angeboren, wenn es von Geburt an vorhanden ist; es ist vererbt, wenn es sich aufgrund der Erbanlage entwickelt. Die »Erbsünde« ist aus kirchlicher Sicht ein Faktum mit schwerwiegenden Folgen. Nur die Taufe kann uns davon befreien und somit uns das jenseitige »Wohlergehen« sichern! Man soll Glaubensvorgaben, wenn es sich um eine religiöse Festlegung mit gravierender Bedeutung handelt, nicht unterschätzen. Sie können zur Belastung für die Eltern werden, wenn Gefahr besteht dem Säugling nicht die erforderliche Taufe zukommen zu lassen. Andererseits für den Getauften, dessen religiöse Einstellung schon vorprogrammiert und somit das Leben prägt.

Die Glaubwürdigkeit der Religion ist ein wichtiges Kriterium. Es wirkt schockierend, wenn man im Internetzeitalter die nicht glaubwürdigen Vorgaben einer versteinerten Institution namens Vatikan analysiert. Sie geben anderen vor was zu glauben ist, haben jedoch selbst jede Korrektur ihrer diktatorischen Institution verweigert. Diese arrogante und machtbetonte Institution hat sich im Jahr 1870 mit dem Dogma der Unfehlbarkeit des Papstes in Glaubensfragen die Krone aufgesetzt.

Dieser Weg soll jener von Jesus Christus sein?

Auch wenn sich der oberste Repräsentant in seiner Funktion als Papst als sein »Stellvertreter« deklariert, gehen ihre Wege in sehr konträre Richtungen.
Jedem Menschen bleibt es überlassen, sich mit der historischen Entwicklung der katholischen Kirche zu beschäftigen. Es ist einfach erschütternd wie wenig christliches, jedoch welche Anhäufungen von Unterdrückung und Verbrechen diesen Weg säumen.

Ziel ist es eine glaubwürdige und humane Variante für den Sinn des Lebens zu finden. Für die Ausgangslage ist vor allem die persönliche Einstellung zur Kirche (katholischen, evangelischen oder einer anderen christlichen Kirche) der Person entscheidend.

Sind sie von der Richtigkeit ihrer Kirche überzeugt, dann lassen sie sich nicht von den kirchenkritischen Fakten irritieren. Gehen sie den Weg, den sie gewohnt sind und für richtig halten. Machen sie jedoch nicht den Fehler die Meinung zu vertreten »der Nächste« ist ein Glaubensbruder bzw. Schwester. Jesus hat darunter alle Menschen verstanden. Vergessen sie nicht, dass die katholische Kirche aus der christlichen Urkirche hervorgegangen ist. Später wurde sie zur befohlenen Reichskirche der römischen Kaiser.

Eine andere Lösung ist für Personen, denen aus Überzeugung die große Differenz der Amtskirche zur Lehre von Jesus eine große Belastung darstellt. Studiert man die Kirchengeschichte, wird man für Reformversuche keine Zeit verschwenden. Wie bei so manchem Gebäude, ist nicht der Umbau, sondern nur mehr ein Neubau zielführend und die beste Lösung. Da es für diesen Neubau noch keinen konkreten »Plan« gibt, ist jeder gefordert, nach bestem Wissen und Gewissen sein eigenes »Modell christlicher Lebenseinstellung« zu gestalten.

Natürlich wäre es an der Zeit mit wenigen Sätzen die Grundeinstellung »christlicher Lebensweise« neu zu definieren. Ethische Grundsätze und Lebenseinstellung könnten die »Wissenschaft Theologie« samt Amtskirche zum Nutzen der Menschen ablösen.

Schalten sie ab, machen sie einen Neubeginn im christlichen Sinne. Sie befreien sich vom auf menschlicher Ebene produzierten Ballast. Ihre persönliche Überzeugung wird für sie zur Befreiung und Freiheit. Das Leben wird von der Außenwelt beeinflusst, was Kontrolle erfordert. Achten sie darauf, dass ihr geistiger Filter die Aufnahme negativer Impulse nach Möglichkeit verhindert und ihr Denken positiv ausgerichtet ist. Falsche Einstellungen können sich zu geistigen Fesseln entwickeln, die zu einem Joch für das Leben werden können, ähnlich wie Eheversprechen. Auch diese können für manche zu einem Joch werden, besonders wenn sie auf kirchlicher Basis erfolgten und somit unauflösbar sind. Kirchliche Festlegungen sind immer richtig und leider unveränderbar. Hören Sie auf sich selbst und vertrauen Sie Ihrer inneren Stimme. Sie ist im Gegensatz zur Außenwelt sehr leise.

Das Bewusstsein in der anderen Dimension wird so sein, wie wir es selbst geschaffen haben. In diversen historischen Überlieferungen wird von sieben geistigen Ebenen berichtet. Vorstellbares höchstes Ziel ist das Eins werden mit dem göttlichen Bewusstsein. Diese Hoffnung schließt eine Existenz »Gottes oder universellen Geist« mit ein. Der Aufbruch in eine höhere Ebene des Denkens und Handelns dient Humanität und Frieden. Damit verbunden ist die Achtung des Selbst und des Nächsten, so wie der gesamten Schöpfung. Nicht Genuss und Missbrauch, sondern angemessene Bescheidenheit und Achtsamkeit sind dienlich eine höhere Sphäre oder Dimension zu erreichen.

Der Mensch halte sich fern einen eigenen »Gott« zu schaffen. Das bedeutet aber nicht Jesus Christus als Vorbild auszuschließen. Er hat den Versuch unternommen, die jüdische Religion zu reformieren. Eine eigene Religion hat er nie gegründet. Diese wurde von den Menschen nach ihm konstruiert. Er wäre heute mit Sicherheit entsetzt, was die katholische Kirche aus seinen Reformbemühungen gemacht hat. »Göttliche Wahrheit« ist der von der Kirche am stärksten missbrauchte Begriff.

Eine endgültige Definition von »göttlicher Weisheit oder Geist Gottes« wird uns solange wir leben vorenthalten bleiben. Wir befinden uns auf der Ebene des Suchens und Findens, was laufend neue Erkenntnisse bringt. Solange wir

Bewohner der Erde sind, dürfen wir uns nicht anmaßen die universelle Gesamtheit zu erkennen und zu verstehen.

Erst in der anderen Dimension werden wir uns im Stufenprinzip einer höheren Ebene des Wahrnehmens und Erkennens nähern.

Das Leben auf Erden schafft die Grundlage der Qualität unserer geistigen Fortexistenz.

Fundamentalismus

Politik und Religion sind in einer Demokratie nicht leicht zu trennen, geschweige in Diktaturen, deren Macht- und Herrschaftssystem die Religion als Ordnungsbasis verwendet. Fundamentalismus ist Intoleranz gegenüber anderen Ansichten. Jeder, der nicht gleicher Meinung ist, gehört nicht in ihre Gesellschaft. Sie finden das übertrieben? Dann kennen sie nicht die Situation in so manchen katholischen Bauerndörfern. Doch das ist noch harmlos gegenüber der Intoleranz, wenn es um Arbeitsplätze und berufliche Karriere geht. Als Nichtparteimitglied bist du ein Mensch zweiter Klasse. Ob dies mit christlichem Verhalten in Einklang steht, darüber macht man sich keine Gedanken.

Unter Fundamentalismus versteht man auch die Ansicht und das Handeln der Vertreter einer Religionsgemeinschaft, die nur die eigene Glaubensüberzeugung als Wahrheit anerkennt. Andere Ansichten oder Religionsgemeinschaften haben keine Existenzberechtigung. In der katholischen Amtskirche wird diese Überzeugung mit dem Dogma der »Unfehlbarkeit in Glaubensfragen« ihres Papstes gekrönt.

Daher ist das Dogma »*Gott hat durch seinen eigenen Willensratsbeschluss bestimmte Menschen wegen ihrer vorgesehenen Sünden zur ewigen Verwerfung vorherbestimmt*« als wahrer Tatbestand unwidersprochen zu akzeptieren und nicht zu diskutieren!

Wie gefährlich religiöser Fundamentalismus sich entwickeln und ausarten kann, sieht man am Beispiel des Islam. Was alleine zwei unterschiedliche Richtungen, genannt Sunniten und Schiiten, der gleichen Religion politisch für Auswirkungen mit all ihren Konsequenzen haben kann, zeigt das traurige Weltgeschehen. Man hat das Gefühl, wir befinden uns zeitlich noch im tiefen Mittelalter. Auch in Demokratien wird Fundamentalismus verharmlost und

Religion mit hohem Respektabstand behandelt. Rund 95 Prozent der Polen sind katholisch. Die derzeitige politische Situation erinnert an den Missbrauch des Kreuzes und an vergangene Jahrhunderte.

Die historischen Gepflogenheiten haben noch starke Wirkung und es wäre höchste Zeit Religion als das zu behandeln, was sie ist. Menschliches Machwerk, dem in der Beurteilung Sachlichkeit und Objektivität entgegenzusetzen ist. Allein der Verweis auf Gott zwingt noch heute viele zum Schweigen, Regierungen inkludiert.

In Zukunft werden wir neben unseren theologischen Fakultäten für die katholische und evangelische Religion auch eine islamische Fachrichtung haben. Dies geschieht auf Kosten aller Bürger, unabhängig von einer religiösen Mitgliedschaft. Religiöser Fundamentalismus birgt die Gefahr in sich, das demokratische System zu untergraben und zu gefährden. Angst vor objektiver Religionskritik ist keine erfolgreiche Zukunftsvision. Westliche Staaten haben die dringende Pflicht Vorbereitungen zu treffen, um die politischen und religiösen Intensionen radikaler Fundamentalisten Einhalt zu gebieten. Gastfreundschaft ist für Personen dieser Kategorie fehl am Platz. Die per Gesetz gesicherte »Narrenfreiheit« der Religionen, gleichgültig welcher, gehört abgeschafft, unabhängig vom Rang der Weltreligion.

Hauptproblem der katholischen Kirche ist ihre eigene Glaubenslehre. Dem friedlichem Miteinander aller Menschen, sowie Mitleid und Hilfsbereitschaft gegenüber den Armen und Hilfebedürftigen, widerspricht die Verdammungstheorie laut Dogmen und Glaubenssätzen. Schlicht ein Horror für all jene, die nicht ihrer Kirche angehören, daher in schwerer Sünde leben.

RN 375: *Es gibt nur eine allgemeine Kirche der Gläubigen. Außer ihr wird keiner gerettet. In ihr ist Jesus Christus Priester und Opfer zugleich.*

Menschenunterjochung durch Sekten

Dazu ein aktuelles Beispiel aus Südkorea. Einfach erschreckend wie die Regierung diesem Treiben untätig zusehen kann! Gleiches gilt für Länder, die diese Sekte widerspruchslos akzeptieren.

Shinchonji (SCJ) ist eine koreanische Neu Religion. Der koreanische Name ,Shinchonji, bedeutet »Neuer Himmel auf Erden«.

Gegründet wurde die Religion von Lee Man Hee, geboren am 15. 09. 1931.

1967 wechselte er in die Tempel der Hütte des Zeugnisses-Bewegung von Yoo, Jae Yul, der, wie später Lee, lehrte, die Bibel sei ein verschlüsselter Text, den er allein entschlüsseln könne. Yoo sprach schon von einem Rettungsplatz am Berg Cheonggye, südlich von Seoul. Nachdem Yoo sich aus der Bewegung zurückgezogen hatte, spaltete sich die Bewegung auf; eine der Gruppen wurde geführt von Baek, Man Bong. Nach dem von Baek prophezeiten Endzeitdatum 1984 zerfiel die Bewegung; Lee Man Hee aber sammelte eine Schar von ungefähr fünfzig enttäuschten Anhängern. Er reinterpretierte das von Baek gefundene Datum als »Weltende und Neuanfang«. Folgerichtig gibt es seitdem eine neue Zeitrechnung. »Shinchonji zählt als erstes Jahr der Shinchonji-Ära das Jahr der Errichtung des Thrones. Der 14. März 1984 ist der Jahrestag von Shinchonji. Außerdem war 1984 das Jahr, in dem das Universum seinen Umlauf vollendete und zu seinem Ausgangspunkt zurückkehrte« (Lee: Creation of Heaven and Earth, S.44).

Eine neue Schöpfung habe angefangen. Demzufolge nannte Lee seine Neureligion »shinchonji« = »Neuer Himmel auf Erden«. Darum sollen 144.000 Priester und Könige in 12 neuen Stämmen eines neuen Israel als Herrscher der neuen Welt gesammelt werden.

Ausgangspunkt der Lehre ist die Annahme, dass die Bibel aus verschlüsselten Texten bestehe, die gedeutet und verstanden werden müssen. Jeder Bibelvers habe einen Zwilling (Jesaja34:16), der zur Interpretation herangezogen werden müsse. Ergebnis dieser Neudeutung, der konstruierten Zusammenhänge und der »Entschlüsselung«: Das Alte Testament handele von Jesus, das Neue Testament von Lee, Man Hee.

»Es ist keine Übertreibung zu sagen, dass es Gottes eigentliche Absicht war, als er uns die 66 Bücher der Bibel gab, uns zum Neuen Himmel und zur Neuen Erde, zu Shinchonji, zu führen« (Lee: Creation of Heaven and Earth, S. 178). In jeder Zeitperiode (Dispensation) gebe es einen »versprochenen Pastor«; für die Zeit am Ende der Ära des Christentums sei dies Lee, Man Hee.

Arbeitsweise
Geworben wird für Shinchonji immer nur verdeckt und indirekt: mit der Einladung zu kulturellen Aktivitäten und vorgeblichen Friedensaktivitäten, mit der Einladung zu Bibelkursen, aber auch durch »Missionsgemeinden« ohne sichtbare organisatorische Verbindung zu Shinchonji. Kennzeichnend für Shinchonji und für das starke Wachstum von Shinchonji verantwortlich sind die verdeckte Werbung und die Etablierung mehrstufiger Tarnorganisationen. Organisatorische Werbestrategien.

1.»Freies Theologisches Seminar« Werbung zum Bibelkurs;

2.»Bibelcafé« (Bokumbang) = vorgeschalteter Drei-Monatskurs bei normalen Kirchen und Gemeinden, sozialen Organisationen usw.;

3. »Schnitter auf dem Erntefeld« = Werber gehen in »normale« Kirchen und Gemeinden, arbeiten ggF. als Gemeindemitarbeiter, um dort Gemeindeglieder abzuwerben;

4. »den Berg bewegen« = Werber (»Schnitter«) oder Spezialteams treten in eine normale Kirchengemeinde ein, um diese auf verschiedenen Wegen ganz zu übernehmen;

5. die »verborgene Kirche«

Ablauf der Rekrutierung
Die Anwerbung neuer Mitglieder erfolgt nach folgendem Schema: Der Werber (»Schnitter«) trifft in der (unterwanderten) Gemeinde, in der sozialen Organisation oder wo auch immer »zufällig« den von ihm zur Rekrutierung Ausgesuchten und baut zu ihm eine persönliche Beziehung, am besten eine enge persönliche Freundschaft auf. Er nimmt ihn mit zu den »Bibelseminaren« im »Gospel-Cafe« (Bokumbang) oder einer »Missionsgemeinde«, wo ca. dreimal in der Woche Bibelstunden stattfinden. Anschließend bringt er den Neuling zum Bibelseminar; erst jetzt können Neulinge für den Werber als geerntete »Frucht« gezählt werden. Dann bringen gesteuert »zufällige« Bekanntschaften die Neulinge mit sogenannten »Unterstützern« (»Maintainern«) zusammen, die sie beim scheinbar »gemeinsamen« Studium unterstützen und intensiver einbinden sollen. Effekte der Peer-Education werden sehr bewusst genutzt. Solche Kurse finden in Gruppen von drei bis vier Personen statt.

Beurteilung aus christlicher Sicht.
Shinchonji ist eine koreanische Neureligion, die das Christentum überholt haben und ablösen will. Die Gruppe sieht sich selbst als königliche Priesterschar des schon angebrochenen »Neuen Himmels auf Erden«. Das Zeitalter des

Christentums sei bereits vergangen. Das führt zu einer überzogenen Selbsteinschätzung mit entsprechender Wirkung auf Außenbeziehungen und einem starken Loyalitätsdruck im Inneren. Schwerwiegend ist auch die gelehrte Angst vor dem Verlassen der Gruppe – ein Zurückkommen ist unmöglich; man sei dann für immer verloren.

Die unterschiedlich entstandenen bzw. konstruierten Frontgemeinden (»Missionsgemeinden«) von Shinchonji können nicht als christliche Gemeinden oder christliche Sekten gelten, da sie nur als Fassade und als Werbungsorganisation dienen. Christliche Taufe und Abendmahl werden von Shinchonji abgelehnt und weder in den vorgeschobenen Frontgemeinden noch bei Shinchonji selbst geübt.

Ratschläge

Shinchonji muss wegen und anhand seiner nicht christlichen Irrlehren inhaltlich kritisiert werden. Das täuschende Auftreten innerhalb von christlichen Kirchen und Gemeinden und die Unterwanderung und Übernahme ganzer Gemeinden, insbesondere von fremdsprachigen Gemeinden, darf von den christlichen Kirchen in Deutschland nicht hingenommen werden.

Dieser Textinhalt sind Ausschnitte aus: BERLINER DIALOG • Schein und Sein • BD 31 • Allerheiligen 2014 • ISSN 0948-0390

Das ist nur eine Sekte von vielen anderen, sowie auch Religionsgemeinschaften, die eine Bedrohung für die Bürger darstellen. Eine weitere koreanische Sekte ist die Moon Sekte oder Vereinigungskirche, die beachtliche Firmenbeteiligungen besitzt.

Scientology

Keineswegs unbedenklich ist die Scientology Sekte. Sie hat großen wirtschaftlichen und politischen Einfluss in den USA und ist in vielen Ländern verbreitet. Ihre Mitglieder stehen unter strenger Kontrolle. Besonderheit – alle Menschen auf Erden sind Abfallprodukte einer intergalaktischen Überbevölkerung. Leitsatz – es ist möglich über Verstand, Geist und Leben Bescheid zu wissen, wenn man Scientology Einblick gewährt.

So beschreibt Scientology ihre Religion.

Sie sind ein unsterbliches geistiges Wesen. Ihre Erfahrung reicht weit über ein einziges Leben hinaus. Und ihre Fähigkeiten sind unbegrenzt, selbst wenn sie gegenwärtig nicht realisiert sind. Außerdem ist der Mensch grundsätzlich gut. Er trachtet danach zu überleben. Sein Überleben hängt von ihm und seinen Mitmenschen ab und davon, dass er einen Zustand der Brüderschaft mit dem Universum erreicht.

Das sind, der erste Satz ausgenommen, absurde Aussagen. L. Ron Hubbard, Gründer von Scientology, hat ein Science Fiktion Gebäude errichtet, ohne Fundament. Er war ein perfekter Lügner mit dem Hauptanliegen Mitglieder voll unter Kontrolle zu haben. Das System der komplexen Struktur dient der perfekten Gehirnwäsche.

Die **Axiome** von Hubbard lauten:

Überlebe.

Der Zweck der Minds ist, mit dem Überleben zusammenhängende Probleme lösen.

Der Mind steuert den Organismus, die Art, ihre Symbionten oder das Leben bei dem Bestreben zu überleben.

Der Mind als zentrales Steuerungssystem des Körpers stellt Probleme des Überlebens, nimmt sie wahr und löst sie, und er lenkt ihre Bewältigung oder versagt darin.

Die Beharrlichkeit des Individuums im Leben wird direkt von der Stärke seiner grundlegenden Dynamik bestimmt.

Intelligenz ist die Fähigkeit eines Individuums, einer Gruppe oder Rasse, Probleme zu lösen, die das Überleben betreffen.

Aus diesem Schwachsinn entstand eine gefährliche Religion bzw. Sekte!

Gerry Armstrong, Aussteiger von Scientology, war enger Verbündeter von Gründer Ron Hubbard, der auch sein Trauzeuge war. Er arbeitete damals an einer Biographie des Sektenführers. Das Ergebnis – die Grundlage der Sekte ist ein Lügenkonstrukt.

OSA (Office of Spezial Affairs) Hauptaufgabe des Geheimdienstes ist die Überwachung von Scientology Kritikern und Aussteigern, so wie Informations- und Nachrichtendienste speziell im politischen Bereich. Ziel ist, wichtige öffentliche Bereiche wie Justiz und Regierungen zu unterwandern.

Marc Headley – Ex-Scientologe, sein Buch »BLOWN GOOD« bringt atemberaubende Schilderungen aus dem Sekten Hauptquartier zu Tage. Die OSA Leute sind überzeugt, dass die Zukunft der Menschheit von ihnen abhängt. In den 70er Jahren infiltrieren in den USA OSA Leute Behörden und Ministerien, um an Maßnahmen gegen die Sekte zu kommen. Das FBI hat 1977 diesen Spionageskandal aufgedeckt. 11 führende Scientologen werden zu Haftstrafen verurteilt. Hunderte Millionen von Steuerschulden wurden ermittelt. Scientology geht zum Gegenangriff über und legt durch eine Anklagelawine den öffentlichen Dienst fast lahm.

1993 hat die Regierung der USA kapituliert. Scientology wird als gemeinnützig anerkannt und erreicht somit Steuerfreiheit. Durch die Steuerbehörde erreichte Scientology die Anerkennung als Religion. Schwer verständlich, wie das im größten demokratischen Land der Welt, namens USA, geschehen konnte. Natürlich ergab dies einen sehr positiven Werbeeffekt für die Sekte auf der ganzen Welt. Warum Fehlentscheidungen nicht rückgängig gemacht, somit für ungültig erklärt werden, ist absolut unverständlich. In China wäre so etwas mit Sicherheit nicht passiert!

Nach amerikanischem Recht darf sich der Staat in Religionsausübung nicht einmischen. Was das bedeutet, ist für mich als Politologe schwer zu verstehen. Ist es bei uns wesentlich anders? Schauen wir, was sich die größte Weltreligion namens katholische Kirche alles erlaubt. Schlicht eine historische Tragödie auf der Weltbühne, dargestellt von deren Schauspielern im Rang von Eminenzen, Bischöfen, hohen Würdenträgern und ihren obersten Befehlshaber, den Papst unfehlbar in Glaubensfragen!

Laut dem Rechtsanwalt Ingo Heinemann BRD ist Scientology verfassungsfeindlich, wobei er mit Sicherheit nicht alleine ist. Als Politologe habe ich für die Untätigkeit eines demokratischen Staates kein Verständnis. Ein hohes Einkommen erreicht die Sekte durch ihre teuren Kurse. Diese werden als eine Art geistige Befreiung angeboten. Gleichzeitig bringen sie die Teilnehmer in finanzielle Abhängigkeit.

Dazu ein persönliches Erlebnis. Ich war Lehrbeauftragter auf der Universität für Softwareprojektierung. Eines Tages las ich in einer Tageszeitung unter Stellen Angebote von einer Organisation, die jemanden sucht, der für sie ein Seminar für Projektorganisation machen könnte. Da dies mit meiner Lehrtätigkeit im engen Konnex stand, habe ich mich dafür interessiert. Der Auftraggeber war in Wien im 10. Bezirk. Als ich dort ankam, war ich verwundert kein Firmenschild zu sehen. Ich betrat einen Raum, indem sich mehrere junge Leute befanden. Im Gespräch wurde ich aufgefordert, zuerst einmal einen Informationsfilm über ihre Institution anzusehen. Es war ein Film über die Sekte Scientology, die mir zu dieser Zeit unbekannt war. Im Folgegespräch wurde von mir verlangt, zuerst einen Einführungskurs bei ihnen zu besuchen, bevor sie mir den Auftrag für das Seminar erteilen. Natürlich hat man mir gleichzeitig auch das Formular für den Beitritt vorgelegt und aufgefordert dieses zu unterschreiben! Dieser Abend war der erste und letzte Kontakt mit dieser Sekte. Es zeigt die Methoden, denen sie sich bedienen um Mitglieder anzuwerben. Dafür ist kein Trick ausgenommen. Das Wichtigste ist, der Sekte nutzt es. Vermutlich war ich nicht der einzige, des sich beworben hat.

Günther Beckstein, ehemaliger Ministerpräsident von Bayern, verglich die OSA mit der STASI der ehemaligen DDR. Die Finanzkraft der OSA ist gigantisch. Lobbyismus ist eine sehr wichtige Tätigkeit.

Diese Sekte gefährdet nicht nur Personen und Familien, sondern auch die Sicherheit von Staaten, wie es bei einer Untersuchung in Griechenland 1995 zu Tage kam. Das bedauerliche, auch der amerikanische Geheimdienst stand diesen zu Diensten. 1997 wurde Scientology in Griechenland verboten. Auch Russland wird von dieser Sekte infiltriert. Ihre Aktivitäten werden unter einem Pseudonym durchgeführt.

Scientology – Der Sekte auf der Spur – Doku HD 2020 – YouTube

Dieses Video gibt einen ausgezeichneten Einblick in die Aktivitäten und Machenschaften der Sekte. Warum die USA deren Aktivitäten akzeptiert, ist nicht nachvollziehbar.

Es sollte eine Selbstverständlichkeit sein, religiöse Aktivitäten – wie auch immer sie genannt werden – unter staatliche Kontrolle zu stellen. Besonders Personen mit persönlichen Problemen sind gefährdet deren Mitglieder zu werden. Die Mitgliedschaft gleicht einer Auslieferung an ihre Organisation.

Um Einblick in wichtige Details zu bekommen, lesen Sie die Kurzversion des Vortrages von Anwalt Graham Berry. Davor seine beachtenswerte Meinung zur Aufgabe eines Anwaltes. Anwalt Graham Berry:«Ich glaubte, dass Anwälte und Richter immer das Richtige und Richtige tun sollten, egal was die persönlichen Kosten sind.

Ich hatte gelernt, dass es ein Interessenkonflikt ist, die persönlichen Interessen vor die eines Mandanten oder Prozessbeteiligten zu stellen. Zehn Jahre später hat die Scientology Kirche meine Karriere und mein Leben, wie ich es kannte, zerstört, aber ich glaube immer noch, dass Anwälte und Richter immer das Richtige und Richtige tun sollten, unabhängig von den persönlichen Kosten.» — Graham E. Berry, »An Introduction To Scientology's Corruption of the United States Government and Its Legal System«.

Graham Berry, am 12. Mai 2015 (Vortrag)
Sehr geehrte Damen und Herren, vor zehn Jahren sprach ich hier in Hamburg. Das Thema meines Vortrags lautete: »Die dunkle Seite von Scientology«, und wenn Sie daran interessiert sind, können Sie meinen Vortrag im Internet finden. In diesem Vortrag sagte ich, Scientology könne auf drei fundamentale Konzepte reduziert werden: Macht, Säuberung und Bestrafung. Die Macht bezog sich auf das Ziel von Scientology, »den Planeten zu klären« und jede Opposition gegen Scientology auszuschalten.

Die Säuberung bezog sich darauf, dass Scientology alle kritischen oder negativen Dokumente und Informationen aus Regierungsunterlagen und öffentlich zugänglichen Dokumenten entfernte. Bestrafung, sagte ich, sei die dunkelste aller Seiten von Scientology. Sie nahm zwei Formen an: eine interne orwellsche Form der Eliminierung aller abweichenden oder kritischen Gedanken, und eine externe Form der Bestrafung von Kritikern und nicht zusammenarbeitswilligen Behörden mittels unter Urheberrecht stehenden Anweisungen für Terror und Psychoterror zur »Handhabung unterdrückerischer Personen«, das sind solche, welche sich den Zielen von Scientology widersetzen oder sie behindern. Diese schriftlichen Anweisungen werden locker

»Fair Game« genannt und sie nehmen verschiedene Formen an: Nachrichtendienste, Nachforschungen, Einschüchterung, Rechtsstreite, Betrug und Täuschung. Diese sechs Formen des »Fair Game« sind die hauptsächlichen Mittel, mit denen der Scientology-Konzern das Rechtssystem der Vereinigten Staaten für seine eigenen Ziele benützt und ausnützt.

Die Scientology-Kirche hat einen wohlverdienten Ruf als die furchterregendste und einschüchterndste prozessführende Partei in Amerika. Viele Anwälte sind bereit, sich auf Taktiken der harten Auseinandersetzung einzulassen, aber wenige sind bereit, dies mit kriminellen Taktiken zu tun: öffentliche Korruption, Bestechung, Erpressung, Wucher, Meineid, Behinderung der Justiz, Betrug, falsche Ansprüche, Lügen, Verleumdung, Täuschung, Einschüchterung und Psychoterror. All dies ist gut dokumentiert als die normale Prozessführungstaktik der Scientology-Kirche, ihrer Anwälte und ihrer privaten Detektive. Der Betrug beginnt mit der täuschenden Behauptung, es handle sich einfach um eine missverstandene friedliche und ethische Religion.

Für meine Meinung, die ich heute hier ausdrücke, ist jedoch nur das Verhalten von Scientology maßgebend, nicht jedoch ihre an Science Fiktion und Weltraumideen orientierten Glaubensvorstellungen. Das wohl dokumentierte kriminelle Verhalten von Scientology zeigt, dass ihre Religiosität bloß eine PR-Fassade und ein Betrug sind, gemeinsam mit ihren vielen anderen »falschen Gesichtern« wie W.I.S.E., Narconon und Applied Scholastics. Die schriftlichen Anweisungen und Aufzeichnungen von Scientology zeigen, dass sie wirklich nach globaler politischer Herrschaft strebt. Eine Anweisung klassifiziert alle Regierungen als »Unterdrückerische Personen«, die »endgültig zerstört«

und »in aller Ruhe und ohne Bedauern eliminiert« werden sollen.

Danke für die Aufklärung – diese Aussagen erübrigen jeden weiteren Kommentar!
Es sollte eine Selbstverständlichkeit sein, religiöse Aktivitäten – wie auch immer sie genannt werden – unter staatliche Kontrolle zu stellen.

Verbesserung der Qualität politischer Entscheidungen

Die Qualität politischer Entscheidungen ist von verschiedenen Fakten abhängig. Kurzzeitdenken und populistisches Handeln sind Kardinalfehler. Die Folgen sind mäßige Effekte von kurzer Dauer, die langfristig nicht selten mehr schaden als nutzen. Dieses Agieren wird stark von Wahlen beeinflusst.

Einzelschritte für eine Entscheidungsfindung
Feststellung der Kriterien oder Fakten, die eine positive Veränderung bewirken.

Welchen Interessensgruppen sind davon betroffen.

Was soll erreicht werden.

Sind die Forderungen allgemein vertretbar oder widersprechen sie einer zukunftsorientierten gesellschaftlichen und wirtschaftlichen Entwicklung?

Sammeln von Informationen über den bestehenden Ist-Zustand.

Analyse der Aufwand/Nutzenbilanz.

Gibt es Möglichkeiten das Problem durch Änderung der Gesetze zu beheben?

Sind die Gegebenheiten hausgemacht, historisch gewachsen oder durch auswärtige Einflüsse entstanden? Wie wird das Problem in anderen Staaten gelöst?

Welche Möglichkeiten gibt es für die Problemlösung?

Angestrebt wird eine Veränderung mit Langzeitnutzen und vertretbaren Kosten.

Hauptaufgabe der politischen Systemanalyse ist es, die Schwächen und Stärken der bestehenden Situation, sowie der beabsichtigten Lösung aufzuzeigen.

Angestrebtes Ziel sind Lösungen, die dem Wohle des Staates nachhaltig dienen.

Diese aufgezeigten Schritte sind der Weg für eine sachliche Aufbereitung. Leider ist dies im Bereich der politischen Entscheidungsfindung keineswegs eine zu erwartende Selbstverständlichkeit. Parteitaktik und Konkurrenzdenken stehen oft im Vordergrund. Daher sind zusätzliche Maßnahmen zur Objektivierung der Vorgehensweise empfehlenswert. Offenlegung, welche Allgemein- und Standesinteressen eine Partei vertritt, von welchen Institutionen sie unterstützt wird bzw. ihr nahe stehen.

Politische Forderungen sind oft Ursache von Konflikten, da sie nicht von jeder Partei für notwendig, gerecht, gesellschaftlich oder finanziell vertretbar empfunden werden. Warum die Forderung gestellt wird, ist zu begründen. Eine Forderung ohne reale und zukunftsorientierte Perspektive ist abzulehnen.

Sichtweisen von anderen Parteien sind a priori nicht als Ablehnung zu empfinden, sondern als Möglichkeit einen gemeinsamen Weg zu finden. Sehr wichtig ist, Veränderungen im Sinne von Gerechtigkeit und Nutzen zu erkennen.

Gesprächsbereitschaft innerhalb der eigenen Partei, sowie zu den anderen Parteien ist eine Grundvoraussetzung. Konflikte und Meinungsverschiedenheiten sind tunlichst auf sachlicher Ebene zu halten. Aggressives Verhalten und

Schuldzuweisungen sind zu vermeiden, um ein Mindestmaß an Vertrauen aufzubauen.

Faires Verhalten und Objektivität innerhalb der Parteien, unabhängig ob Regierungspartei oder Opposition, ist anzustreben.

Ein Optimum an Transparenz gegenüber politischen Partnern und den Bürgern ist die beste Basis für Vertrauen und Motivation.

Für den administrativen Bereich sind Empfehlungen des Rechnungshofes nützlich.

Langzeitdenken hat Priorität vor Kurzzeitdenken.

Interventionen sind offen zu legen.

Stellungnahmen wissenschaftlicher Institutionen einholen.

Volle Transparenz bezüglich Vorschläge, Einwände und Alternativlösungen.

Aufrichtige Suche nach der möglichst besten Lösung ohne Ausschlüsse.

Ergebnis:
Volle Akzeptanz des Vorschlages.
Kompromiss aus verschiedenen Sichtweisen.
Akzeptanz einer sich ergebenen neuen Lösung.
Ablehnung des Vorschlages.

Zeitgemäße und zukunftsorientierte Entscheidungen.
Eine Reform verlangt nachhaltige Entscheidungen, die das demokratische System in seiner Effizienz verbessert und nicht als Bremsklotz für zukünftige Entwicklungen fungiert. Um einschneidende politische Entscheidungen für die Zukunft treffen zu können, reagieren Regierungen viel zu schwerfällig und ineffizient. Ein hoher Anteil der Abgeordneten kommt aus dem öffentlichen Dienst, ein nicht unbedeutendes Faktum.

Grundsatz – das Richtige zur richtigen Zeit

In der Politik kommt die Missachtung dieses Grundsatzes sehr teuer zu stehen. Diese Vorgangsweise setzt vor allem Bereitschaft zur Zusammenarbeit und gegenseitiges Vertrauen voraus. Besonders wichtig ist das rechtzeitige Erkennen und Ansprechen von Problemen. Wobei in dieser Angelegenheit sehr wohl zu unterscheiden ist, ob es sich um ein reales oder aus populistischen Motiven aufgezeigtes Problem handelt. Letztes nach Möglichkeit meiden, um nicht die Vertrauensbasis zu belasten. Umgekehrt sind sachlich motivierte Anregungen der Opposition ernst zu nehmen und objektiv zu diskutieren.

Effizienz und beinharte Analytik

Der Einsatz moderner Kommunikationstechnik zum Einbringen von Vorschlägen und Gegenargumenten, sowie die Abstimmung über Internet an Stelle der lokalen Anwesenheit im Parlament wäre ein großer Reformschritt. Der Haupteffekt ergibt sich im Wegfall der Parlamentsdebatten, wodurch die örtliche Anwesenheit nicht mehr erforderlich ist. Erreicht wird damit Versachlichung und Objektivierung. Die zeitgleiche Information der Medien und Bürger schafft die Möglichkeit an der Problemdiskussion und ihrer Aufbereitung durch Stellungnahmen, Berichterstattung und der Einbringung neuer Ideen indirekt teilzunehmen.

Problemdiskussionen und Hinterfragungen sind auf eine breitere Basis zu stellen und somit einem selektiven Kreis zur Behandlung und Bearbeitung zugänglich zu machen. Die Einrichtung von sachspezifischen Diskussionsforen, in denen die Abgeordneten und ein ausgewählter Personenkreis Zugang haben, deren Inhalt und Qualität einer Prüfung auf Sachlichkeit und Objektivität unterliegt, ist anzustreben.

Ziele, wie des gewissenhaften und verantwortungsvollen Umgangs mit der Staatsverschuldung und Reform der öffentlichen Verwaltung ließe sich selbst in wirtschaftlich schwierigen Zeiten viel bewegen, ohne die jüngeren Generationen mit weiteren Schulden zu belasten.

Folgende Fakten sind zu beachten:

Objektive Darstellung des Themas.

Was soll konkret erreicht und wie soll dies realisiert werden.

Wertschätzung und Achtung der beteiligten Gruppen innerhalb und untereinander.

Bemühung um Offenheit und Einfühlungsvermögen.

Voraussetzung Transparenz

Transparenz bedeutet Durchsichtigkeit. Dieses Kriterium wird leider sehr vernachlässigt. Fehlende Transparenz ist der Nährboden für Korruption und Misswirtschaft. Dies gilt vor allem für die Verwaltung. Besonders beeinträchtigt wird Transparenz durch das Aufspalten in mehrere Zuständigkeitsbereiche, was in den gesetzlichen Regelungen mit Sorgfalt zu beachten ist. Ein Paradebeispiel dafür sind die sich überschneidenden Kompetenzbereiche von Bund und Ländern. Dieser Zustand artet oft in Selbstherrlichkeit aus mit der berechtigten Frage, wer regiert den Staat, die Bundesregierung oder die Landesfürsten?

Rationalisierung der Entscheidungsfindung

Der Diamantring ist ein angestrebtes Symbol des politischen Handelns. Wie ist das zu verstehen? Um einen Rohdiamanten durch Bearbeitung in seine prachtvolle Form zu bringen, ist der dazu erforderliche Schliff seiner Ausgangsform so anzupassen, dass durch möglichst wenig Verlust ein optimales Design erreicht wird.

Die politische Ausgangssituation ist durch verschiedene Interessensebenen vielfältiger. Sie liegen selten auf gleicher Ebene, sondern oft im Widerspruch zueinander. Eine angemessene Homogenität soll das Ziel sein. Unternehmerinteressen sind nicht ident mit den Interessen der Arbeitnehmer. Um diese anzunähern, sind Maßnahmen folgender Art zu praktizieren. Die Mitbeteiligung der Arbeitnehmer am Unternehmenserfolg. Im Interesse beider wäre ein flexibles System der Arbeitszeit. Aktives und kreatives Mitdenken am Fertigungsprozess ist durch Honorieren von Verbesserungsvorschlägen zu motivieren.

Die Gemeinsamkeit der Parteien, die verschiedene Interessensgruppen vertreten, ist noch um ein vielfaches komplizierter. Selbst innerhalb der Partei existieren Differenzen und Spannungen, verursacht durch unterschiedliche Meinungen und Zielvorstellungen. Alle Forderungen der Interessensgruppen Industrie, Arbeitnehmer, Arbeitgeber, Beamte, Bauern, Jugendliche, Pensionisten sowie Männer und Frauen ideal zu befriedigen, gleicht einem politischen Kunstwerk.

Regierungsparteien vertreten nicht gleiche ideologische Interessen, sind jedoch durch ihr Abkommen zur gemeinsamen Arbeit verpflichtet. Dieser Zustand erfordert ein Mindestmaß von Toleranz im Sinne einer erfolgreichen Zusammenarbeit. Vergleichbar mit einem Ehepaar, das sich nicht liebt, jedoch durch das Joch der Heiratsurkunde verbunden bleibt.

Anders sieht es bei den Oppositionsparteien aus. Die vor allem eine Kontrollfunktion ausüben sollen. Diese erfolgt nicht immer im Sinne eines guten Hirten, sondern eher bellender und bissiger Hunde. Um bedenkliches Handeln aufzudecken, ist öffentliches Kritisieren bis zum gegebenenfalls erforderlichen Untersuchungsausschuss notwendig. Bellen ist keine Gewähr für Sachlichkeit und Objektivität. Sondern ein nicht unbedenklicher Werbeeffekt. Lautstärke alleine ist kein politisches Kriterium. Ob sachlich berechtigt, darüber möge der Wähler entscheiden.

Digitalisierung und Vernetzung stellt den Rohbau; die Software für Simulation, Kalkulation und Kontrolle den

Innenausbau dar. Ist Basis, die Qualität des politischen Agierens zu verbessern, sowie die Verwaltung effizienter zu machen.

In Zukunft ist davon auszugehen, dass geschaffene KI durch das Abwickeln anfallender Probleme selbst dazulernt. Die Qualität dieser Dienstleistung wird ständig erhöht. Allein die Rationalisierung des dichten Dschungels an Gesetzes und Verordnungen würde auf ein allgemein verständliches Fragment reduziert. Politisch gesehen wäre es ein wertvoller Beitrag Lösungsfindungen zu rationalisieren. Teure Aktivitäten ohne Zukunftsperspektive sollen damit vermieden werden. Der Einkehr von Vertrauen in das politische Handeln wird damit ein Tor geöffnet.

CERN – die europäische Organisation für Kernforschung möge dafür ein Vorbild sein. Von der volkswirtschaftlichen Wichtigkeit aus gesehen, wäre ein wissenschaftliches Forschungszentrum zur Rationalisierung politischer Entscheidungsfindung von großer Wichtigkeit. Natürlich sind Transparenz und Kontrolle auf dem Regierungssektor eine Selbstverständlichkeit. Politische Fehlentscheidungen sollten damit vermieden, zumindest reduziert werden.

Den politisch Aktiven sollte bewusst sein, dass Handlungen, die verschweigen und täuschen als Attribut haben, ein Verbrechen am Bürger darstellen. Daher ist es angebracht, Informationstechniken einzusetzen, die zukünftig Szenen dieser Art verhindern. Personen mit diesen Eigenschaften sind für verantwortungsvolle Tätigkeiten fehl am Platz. Diesen gehört das politische Mandat aberkannt.

In der industriellen Fertigung wird zunehmend der Mensch durch intelligente Maschinen und Roboter verdrängt. Diese »arbeiten« Tag und Nacht und die Qualität ihrer Produktfertigung kann durch Menschenhand nie erreicht werden. Das zukünftige Prüfen politischer Entscheidungen auf Basis KI stellt eine Notwendigkeit dar. Eine

Person ist bei komplexen Problemen selten in der Lage, die daraus sich ergebenden Konsequenzen in ihrer Gesamtheit zu erkennen, um daraus die richtigen Schlüsse zu ziehen.

Abgeordnete haben bei vielen Problemen nicht den erforderlichen Durchblick, um die zu erwartenden Konsequenzen richtig einschätzen zu können. Dem zeitlichen Kurzeffekt wird meist zum Schaden der Gesellschaft der Vorrang gegeben. Bedauerlicherweise wird der Gegenwart höhere Bedeutung beigemessen als der Zukunft, die mit einer gewissen Unsicherheit einkalkuliert werden muss. Die Gegenwart berührt jeden unmittelbar. Die Taktik »lieber ein gutes Heute als ein ungewisses Morgen« ist menschlich nachvollziehbar, beinhaltet jedoch eine bedenkliche Einstellung bezüglich Qualität jetzt inklusive Zukunft.

Das System der Simulation gegebener Fakten und ihren Konsequenzen ist nicht für ein Land, sondern selbstverständlich international somit weltweit sinnvoll. Besonders für die Entwicklungshilfe und Unterstützung der 3. Welt Länder könnte es Fortschritte sichern, somit Leid und Elend sparen. Ein revolutionäres Projekt, das die Welt positiv verändert.

Falsche Politik, rücksichtslose Konzerne und religiöse Instanzen und deren Tarnungen sind eine nicht zu unterschätzende Gefahr und werden es auch in Zukunft sein. Wer hätte vor Jahren angenommen, dass die gegebene Situation in Afghanistan im digitalen Zeitalter des 21. Jhdt. traurige Realität wird? Und das auf Basis einer Religion!

Bildung zeitgemäß vermitteln

Die heutige Form der Wissensvermittlung an den Universitäten und auch Schulen ist nicht zeitgemäß und ignoriert weitgehend digitale Möglichkeiten. Vorgetragene Lehrinhalte sollten verpflichtend in digitaler Form angeboten werden. Es versteht sich von selbst, dass damit auch eine gute Vergleichbarkeit zwischen den Fakultäten Länder gegeben ist. Diese Art der Wissensvermittlung bietet den Studierenden größere Freiheit durch den Entfall einer erforderlichen Anwesenheit. Für die Universitäten bedeutet dies reduzierte Vorlesungszeiten und geringeren Raumbedarf. Diese Basis bildet eine gute Ausgangslage, Lehrinhalte mit anderen Universitäten gemeinsam zu erarbeiten und abzustimmen. Dadurch könnten Wissensinhalte auf hohem Niveau gehalten, sowie ohne örtliche und zeitliche Fixierung vermittelt werden.

Modestudien sind überlaufen, ohne den Absolventen auch nur annähernd Arbeitsplätze in ausreichender Zahl bieten zu können. Hier sind verschärfte und beschränkte Aufnahmen der richtige Weg. Überlaufenes fördern ohne praktische Möglichkeit einer beruflichen Verwendung plus Stipendium ist absurd. Der Wissenschaftsbereich ist nicht als Produktionsstätte akademischer Titel zu verstehen.

Ein wichtiger Schritt einer Rationalisierung sind den Wert von Veranstaltungen einer strengen Prüfung zu unterziehen. Hauptkriterium hat die Vermittlung von Wissen und nicht oberflächlicher Unterhaltungswert zu sein. Auf diese Weise könnte auf so manche Lehrveranstaltungen verzichtet und die Finanzmittel für eine zukunftsorientierte Forschung verwendet werden.

Es wäre höchste Zeit für ein Uni-Studium neben einer vertretbaren Studiendauer auch die Kriterien Hausverstand und logisches Denken zu berücksichtigen. Letzteres sollte im Rahmen eines Aufnahmetestes verpflichtend geprüft werden.

Jedem Lehrenden hat bewusst zu sein, dass wissenschaftliche Erkenntnisse nur so lange Gültigkeit besitzen, als sie nicht durch neuere Forschungsergebnisse widerlegt oder verbessert wurden. Dogmatisches Lehrverhalten ist eine geistige Einbahnstraße ohne Korrekturbereitschaft. Nach meinen langjährigen Erfahrungen sind die Beweggründe, Lehrer zu werden, nicht ausschließlich von der positiven Seite zu sehen. Für manche Person ist das Bedürfnis zu belehren besonders ausgeprägt. Nicht Unterordnung, sondern geistiges Teamwork ist das System der Zukunft. Sowohl Lehrende wie Studierende sind Suchende nach Wissen und neuen Erkenntnissen mit nicht vorhersehbarer Gültigkeitsdauer.

Wenn sie der Ansicht sind, meine Argumentation sei zu kritisch, dann lesen sie das anschließende Kapitel, sowie das Abschlusskapitel »Bildungsweg«.

Wissenschaft
ist dem Fortschritt verpflichtet

Informationen sammeln ist nicht das Gelbe vom Ei. Sondern neue Erkenntnisse die Einfluss auf positive Veränderungen und zukunftsorientiert sind. Denke ich an die jahrelange Reform der deutschen Rechtschreibung, verleiht mir das Ergebnis einen Schock über das damit dokumentierte Versagen. Die Reform der deutschen Rechtschreibung von 1996 mit dem primären Ziel der Vereinfachung war von wenig Effizienz, geschweige gravierender Veränderungen. An diesem dürftigen Ergebnis haben »Wissenschaftler« Jahre herumgedoktert!

Gestatten sie mir als Analytiker, bei dem Fortschritt Priorität vor Nostalgie hat, nur ein konkretes Versäumnis mit hohem Wirkungspotential aufzuzeigen. Wozu die Artikel »der, die, das« (der Löffel, die Gabel, das Messer)? Diese historischen Gewohnheiten haben wir beibehalten, anstatt sich auf eine Einheitsformulierung wie in der englischen Sprache festzulegen! Der Einheitsartikel nach englischem Vorbild brächte eine gravierende Erleichterung des Lernens der deutschen Sprache, besonders für Personen anderer Länder und Immigranten. Und dazu war die hohe Anzahl von Wissenschaftlern nicht in der Lage? Oder war den dafür ausgewählten Experten die Nostalgiepflege wichtiger, als der Gebrauch des praktischen Hausverstandes?

Meine persönlichen Erlebnisse
Hauptstudium war Agrarökonomie auf der Universität für Bodenkultur in Wien. Der Professor für Betriebswirtschaft lehrte den Einsatz von Handelsdünger bis zur fiskalischen Annäherung des dadurch zusätzlich erzielten Gewinnes. Als kritisch denkender Student und Junglandwirt habe ich

mich mit folgenden Bedenken zu Wort gemeldet: Herr Professor sie berücksichtigen in ihrem theoretischen Lehransatz der Gewinnoptimierung nicht, dass durch eine mögliche Überdüngung die Biologie des Bodens und Qualität der Frucht beeinträchtigt wird. Ich habe daher Bedenken, da die Folgeeffekte keine Berücksichtigung finden.

Dieser Einwand bewirkte einen Wutanfall. Seine verbalen Ergüsse habe ich in diesen Schrecksekunden inhaltlich nicht mehr registriert. Seine anschließende Flucht aus dem Hörsaal war das Ende der Vorlesung. Nach dieser Reaktion wurde mir bewusst, was ich bei der letzten Staatsprüfung (1971) zu erwarten habe. Diese verlief ohne jedes Problem meinerseits. Daraufhin konfrontierte er mich mit einer Frage aus einem anderen Bereich. Ich machte ihn darauf aufmerksam, dass er dieses Thema in seiner Vorlesung nie vorgetragen hat. Sein Kommentar: Stimmt, aber sie haben auch darüber informiert zu sein, »nichtgenügend«.

Nach diesem Schock ging ich zum Angriff über: Herr Professor, es gibt ein Abkommen zwischen Hochschülerschaft und dem Professorenkollegium, dass sich Prüfungsfragen ausschließlich auf den Stoff der zuletzt abgeschlossenen Vorlesungsperiode beziehen dürfen. Sie legen doch Wert darauf, dass die Studenten ihre Vorlesung besuchen. Seine Antwort – ja.

Dann bleibt mir nichts anderes übrig, als die Hochschülerschaft zu ersuchen einen Artikel in der nächsten Zeitungsausgabe zu bringen, dass es wenig Sinn hat ihre Vorlesung zu besuchen, da sie sich bei der Prüfung ohnehin nicht an die Vereinbarung halten.

Sein Wutausbruch begleitet vom Gebrülle »genügend – verschwinden sie!« bildete den erfolgreichen Abschluss.

Aus dem Arbeitsalltag.
Maximaler Ertrag ohne Rücksicht auf Umwelt und Tier

hatte auch in diesem Bereich Priorität. Ein Beispiel aus der Praxis: Der dafür zuständige Ministerialrat und sein Versuchsleiter präsentierten voller Stolz ihr neuestes Forschungsergebnis der Stiermast. Stroh plus einen Zusatz (den ich bewusst nicht anführe) war ihre Empfehlung. Der Landwirtschaftsminister, ausnahmsweise ein Forstwirt, war schockiert. Seine Anordnung: Steckt die Dokumentation eures Forschungsergebnisses in die unterste Schublade und publiziert das ja nicht! Enttäuscht verließen sie schweigend sein Büro. Erwartet haben sie Lob und Anerkennung vom dafür zuständigen Minister.

Ein Wissenschaftler, genannt Universitätsdozent, wurde mit der Lösung der Klärschlammentsorgung beauftragt. Er forderte dazu eine geeignete EDV-Applikation mit Datenbank. Als ich den Herrn beim Informationsgespräch konkret ansprach, welchen Sinn und Zweck dieses Projekt haben soll, gab er folgende Erklärung ab: In den Regionen befindlichen Kläranlagen fällt laufend Klärschlamm an, der zu entsorgen ist. Daher werden wir Bodenuntersuchungen durchführen und die Ergebnisse in eine Datenbank speichern, um über die Belastung der Ackerflächen mit Schwermetallen (Skala 0 bis 5) Bescheid zu wissen. Schließlich sollen schwer belastete Böden für die Ausbringung von Klärschlamm nicht verwendet werden.

Meine kritische Gegenfrage: Das bedeutet im Klartext, ich soll Ihnen mit dem Projekt behilflich sein, die noch nicht belasteten Ackerflächen zum Zweck der Entsorgung des Klärschlammes zu registrieren. Ich war nahe daran zu sagen »Scheren sie sich zum Teufel mit ihrem Projekt«. Das Vorhaben wurde nicht realisiert. Meine Äußerungen haben mir keinen guten Ruf verschafft.

Die Datenverarbeitung erfolgte in den 70er Jahren, für die damalige Zeit ein Großrechner, auf einer IBM 360 mit

128 KB. Eines Tages waren die über Jahre gespeicherten Daten der Forstinventur zu verarbeiten und auszudrucken. Dafür lief die Anlage über 24 Stunden die ganze Nacht hindurch. Die Ausdrucke wurden mit einem Kleinlaster von der Bundesversuchsanstalt abgeholt. Als der dafür zuständige Hofrat rund 10 Jahre später in Pension ging, statteten wir einen Verabschiedungsbesuch ab. Bei den Feierlichkeiten erwähnte er diese Datenauswertung. Stolz zeigte er uns den Schrank, indem die Ergebnisse der Forstinventur gelagert wurden. Er erklärte – dieser Schrank wurde bis heute nie geöffnet! Es bleibt Euch überlassen, ein Urteil zu fällen.

Amtstitel keine Gewähr für Qualität. Ich hatte für eine Bundesanstalt ein Softwareprojekt zu realisieren. Jeden zweiten Monat gab es eine Sitzung im Ministerium, in der die Beamten über den Fortschritt informiert wurden und die Möglichkeit bestand, Verbesserungsvorschläge einzubringen. In der Endphase der Entwicklung war durch Zufall ein jüngerer Beamter das erste Mal anwesend. Er wurde begrüßt und über das Projekt kurz informiert. Danach gab er folgenden Kommentar ab: Ich verstehe eines nicht, jetzt sitzt ihr seit einem Jahr im Ausschuss für eine Gesetzesänderung, durch die ab 1. Jänner des neuen Jahres dieses Projekt vollkommen überflüssig wird. Die Entwicklung hätte doch sofort eingestellt gehört! Verärgert verließ er die Sitzung und mein Erstaunen über so viel ministerielle Unfähigkeit und Verantwortungslosigkeit war grenzenlos. Ich hielt es für selbstverständlich, dieses Projekt sofort zu beenden.

Vom Vorsitzenden der Sitzung, einem Herrn Ministerialrat und Abteilungsleiter wurde ich daraufhin eines besseren belehrt. Er gab folgende Erklärung ab. Das alte Gesetz gilt noch bis 31. Dezember dieses Jahres, daher verlangte er alles zu unternehmen, das Projekt bis Ende des

Jahres zu realisieren. Ich hielt diese Forderung für einen schlechten Scherz und erklärte, dies allein aus nutzlosen Kostengründen nicht machen zu können. Der Herr war auch Vorstandsmitglied des Rechenzentrums. Er drohte mir mit der Kündigung, wenn ich seinen Anordnungen nicht Folge leiste. Vor Weihnachten wurde das Projekt im Rahmen einer praktischen Vorführung übergeben. Am 4. Jänner des neuen Jahres konnte ich es mir nicht verkneifen, Herrn Ministerialrat anzurufen und fragen, was nun mit dem Projekt geschieht. Seine Antwort: »Jetzt können sie alles in den Papierkorb werfen!«

Falls sie glauben, das war ein Einzelfall, irren sie sich. Im Beamtenbereich hat nicht Logik und Hausverstand Priorität, sondern das Durchsetzungspotential. Absurde Gesetzestreue ist ungefährlicher als das Einbringen zukunftsorientierter Verbesserungsvorschläge. Pragmatisierung kann boshaft, auch als »Schutz der Narrenfreiheit« bezeichnet werden. Wissenschaft und die Bezeichnung Wissenschaftler/in ist mit Vorsicht zu betrachten. Die Bezeichnung alleine gibt keine Sicherheit bezüglich Qualität und Nutzen.

BLOB – eine wissenschaftliche Sensation
Der Blob – Intelligenz ohne Gehirn?

DoKu Reupload ARTE
youtube.com/watch?v=40ZnwHT_6ss
Es ist weder Tier noch Pflanze, sondern – ein Blob. Dieser schleimige Superorganismus stellt alles in Frage, was der Mensch über intelligentes Leben zu wissen glaubt. Der faszinierende Einzeller ist quasi unsterblich, hat einen unstillbaren Appetit, kann komplexe Probleme lösen und zeigt erstaunliche Lern- und Kommunikationsfähigkeiten. Wie er sich im All verhält, wird gerade auf der ISS beobachtet.

Dieser Blob ist weder Tier noch Pflanze – und ein Alien erst recht nicht. Denn er lebt seit fast einer Milliarde Jahre auf diesem Planeten. Das macht ihn zu einer der ältesten

Lebensformen – und zu einer der einfachsten: Der Blob besteht aus nur einer einzigen Zelle. Doch hinter seiner einfachen Fassade verbergen sich unglaubliche Fähigkeiten. Der Einzeller hat weder Augen noch Mund noch Magen noch Füße – und doch sieht, verdaut und geht er. Auch ohne Gehirn ist er in der Lage, komplexe Probleme zu lösen, den kürzesten Weg in einem Labyrinth zu finden, Informationen zu speichern und sie weiterzugeben.

Der Blob ist zwar ein einzelliger Organismus; er besitzt aber viele identische Zellkerne, die zusammen eine Riesenzelle bilden. Das macht den Einzeller mit bloßem Auge sichtbar – und damit zu einem beliebten Forschungsobjekt für Wissenschaftler auf der ganzen Welt. Sie präsentieren die unglaublichen Fähigkeiten des Blobs und stellen ein wissenschaftliches Arbeitsfeld vor, in dem Intelligenz nichts mit Gehirnen zu tun hat.

Jacques Mitsch hat mit seinem Film ein bemerkenswertes Porträt über ein außergewöhnliches Wesen geschaffen. Unterstützt wurde er dabei von Audrey Dussutour, einer Wissenschaftlerin, die erst vor kurzem die erstaunlichen Fähigkeiten dieses Evolutionswunders aufdeckte.

Dokumentation von Jacques Mitsch

Es ist wirklich sensationell, welche Erfahrungen gemacht wurden und in Zukunft, denken wir an die Weltraumforschung und kleinste Teilchen, noch machen werden!

Theologie eine Wissenschaft?

Im Fall Theologie von Wissenschaft zu sprechen ist sehr bedenklich. Sie ist keine »**freie**« sondern eine »**befohlene**« somit keine »**wahre**« Wissenschaft.

Wenn also die Kirche »die Lehre über Gott« zur nicht hinterfragbaren Größe macht, sollte sie auch ein Minimum an Ehrlichkeit besitzen und die Erkenntnis einer bestehenden Unverträglichkeit mit den Kriterien für Wissenschaft und Forschung nicht länger ignorieren. Doch dieses göttliche Wunder an Wahrhaftigkeit darf vom Konzern Vatikan und ihren Vertretern nicht erwarten werden.

Zitiert nach Ludwig Ott »Grundriss der Dogmatik«:

»Die Theologie überragt alle übrigen Wissenschaften durch die Erhabenheit ihres Gegenstandes, die höchste Gewissheit ihrer Erkenntnis, die sich auf das unfehlbare Wissen Gottes gründet, und ihre unmittelbare Hinordnung auf das letzte Ziel des Menschen«.

Katechismus der Katholischen Kirche (1997)
III Gotteserkenntnis nach der Lehre der Kirche

36 „*Die heilige Mutter Kirche hält fest und lehrt, dass Gott, der Ursprung und das Ziel aller Dinge, mit dem natürlichen Licht der menschlichen Vernunft aus den geschaffenen Dingen gewiss erkannt werden kann«* (1. Vatikanisches K.: DS 3004) [Vgl. DS 3026; DV 6.].

Gesteht mit dieser Feststellung die Kirche nicht ein, dass für das Wahrnehmen und Erkennen der Existenz Gottes menschliche Vernunft ausreicht, Gott näher zu kommen?

Die sich selbst widersprechenden Theorien der katholischen Kirche sind für mich als Politologen und Systemanalytiker ein Kreuzworträtsel ohne Lösungsmöglichkeit. Im Gegensatz zu den Religionsvertretern ist uns bewusst, dass wir Suchende nach neuen Erkenntnissen sind. Möge Gott all jenen Menschen, die mit aufrechtem Willen bemüht sind den richtigen Weg zu finden, mit Barmherzigkeit begegnen.

Der Mensch ist für sich selbst verantwortlich. Es liegt im Interesse jeder Person darauf zu achten, sich von den bedenklichen Vorgaben der Kirche zu deren Nutzen nicht vereinnahmen zu lassen. Die katholische Amtskirche wird zur Kenntnis nehmen müssen, dass wir im digitalen Zeitalter keine Analphabeten sind.

Die Kirche ist nicht nur ein ideologisches, sondern auch ein finanzielles Problem. Daher ist die »in Frage Stellung« der Theologie auch ein finanzielles Faktum.

Von kirchlicher Seite und ihren Unterstützern wäre bei Realisierung der berechtigten Forderung, Theologie von den Universitäten zu eliminieren, wohl eine Welle der Entrüstung zu erwarten. Mit der berechtigten »Infragestellung ihrer Lehre« käme auch die Glaubwürdigkeit Kirche ins Wanken. Schließlich handelt es sich dabei um eine Institution, die sich als höchste moralische Instanz verkauft, jedoch nicht praktiziert!

In Wahrheit belügt und betrügt sie die Menschen seit Jahrhunderten. Als berufsbildende Grundlage dient das Studium Theologie. Im 19. und 20. Jahrhundert gab es eine Reihe von Theologen (Modernismus), die sich sachlich und kritisch mit der Lehre der Kirche auseinandersetzten. Dieser Personenkreis hat vergeblich versucht die Kirche, mit historischen Argumenten und menschlicher Vernunft, auf eine neue Ebene zu stellen.

Diese Fakten bewogen mich folgendes Schreiben an den Herrn Minister für Bildung, Wissenschaft und Forschung am 7. Jänner 2018 zu senden.

Sehr geehrter Herr Minister Univ. Prof. Dr. Heinz Faßmann,

Einsparen wo es sinnvoll ist, investieren für die Zukunft! Warum zahlt der Bürger für Legenden und Provokationen, die auf der Universität der Jugend als »Wissenschaft« verkauft wird? Die Theologie wird als höchste aller Wissenschaften bezeichnet. Die Realität zeigt ein anderes Bild und es wäre angebracht diese, über Jahrhunderte akzeptierte Ansicht, einer sachlichen Prüfung zu unterziehen.

Dogmendefinition: Ein Dogma ist eine feststehende Definition oder Lehrmeinung, deren Wahrheitsanspruch als unumstößlich gilt, davon eine Kostprobe aus den 245 Dogmen.

Gott ist unendlich gerecht, barmherzig und die absolute wohlwollende Güte.

Die Seelen derer, die im Zustand der schweren Sünde sterben, gehen in die Hölle ein. Die Höllenstrafe dauert in alle Ewigkeit.

Natürlich könnten die Widersprüche von Dogmen und Glaubenssätzen über Seiten aufgezeigt werden. Aus«Grundriss der Dogmatik« von Ott: »*Die Theologie überragt alle übrigen Wissenschaften durch die Erhabenheit ihres Gegenstandes, die höchste Gewissheit ihrer Erkenntnis, die sich auf das unfehlbare Wissen Gottes gründet*«.

Diverse Dogmen und Lehrsätze widersprechen einander eklatant. Sie sind weder mit Logik noch Vernunft nachvollziehbar. Der Sinn dieser Glaubensvorgaben besteht in der Absicherung von Macht und Einfluss der katholischen Kirche.

In Österreich gibt es fünf theologische Fakultäten und vier Hochschulen der katholischen Kirche. Für die tierärztliche Ausbildung haben wir eine veterinärmedizinische Universität. Das Verhältnis von berufstätigen Tierärzten und aktiven Priester liegt ca. bei 3 : 2.

Wenn Sie derzeit keine Möglichkeit sehen diese »absurde Wissenschaft« zu eliminieren, dann konzentrieren Sie diese doch auf eine einzige Universität!

Wo bleiben Gewissen und Verantwortung, wenn im Rahmen des Religionsunterrichtes durch Legenden vom Paradies mit Adam und Eva die Frau als zweitrangiges, sündhaftes, verführerisches Wesen dem Mann untergeordnet dargestellt wird?

Wann wird endlich das Fach Religion eliminiert und durch das Fach Ethik ersetzt?

Für mich als Ökonom, Systemanalytiker und Politologe hat Theologie keinen Anspruch sich als Wissenschaft zu deklarieren und verursacht zum Schaden der Bürger nicht zu rechtfertigende Kosten sowie Aussagen ohne Wahrheitsgehalt und Nutzen.

Noch bedenklicher sind die Fakten der Religion Islam.

Es wird Zeit das Konkordat ernstlich in Frage zu stellen!

mit freundlichen Grüßen

Dr. Alfred Pirker

Antwort am 31.01.2018

vielen Dank für Ihr Schreiben zu hochschulpolitischen und theologischen Aspekten, das Sie an den Bundesminister Univ.-Prof. Dr. Heinz Faßmann gerichtet haben. Ihre inhaltlichen Anmerkungen werden wir gerne in Evidenz halten

Das bedeutet – wurde abgelegt!

Dem gleichen Minister unter neuer Regierung von Kanzler Kurz wurde diese Aufforderung wiederholt gesendet. Beigefügt mehrere Seiten Fakten, die eine Prüfung der Theologie als Wissenschaft rechtfertigen – keine Resonanz!

Die Konsequenz daraus: Höchst problematische Zustände werden unterstützt und finanziert. Bürger, die zum Wohl des Staates kriminelle Fakten aufzeigen und Aufklärung zum Wohle der Jugend fordern, werden ignoriert!

Verdient dieser Minister als Verantwortlicher für Bildung und Wissenschaft akzeptiert zu werden?

Natürlich wurde von mir eine hohe Anzahl von Abgeordneten verschiedener Parteien sowohl in Österreich als auch in der BRD informiert. Die staatlichen Kosten für Religion liegen in Österreich im einstelligen in der BRD im zweistelligen Milliardenbereich!

Vortrag von Max Weber
Politik als Beruf – Vortrag von Max Weber im Jahre 1919 (ein Ausschnitt)

Er arbeitet mit dem Streben nach Macht als unvermeidlichem Mittel. »Machtinstinkt« – wie man sich auszudrücken pflegt – gehört daher in der Tat zu seinen normalen Qualitäten. – Die Sünde gegen den heiligen Geist seines Berufs aber beginnt da, wo dieses Machtstreben unsachlich und ein Gegenstand rein persönlicher Selbstberauschung wird, anstatt ausschließlich in den Dienst der »Sache« zu treten. Denn es gibt letztlich nur zwei Arten von Todsünden auf dem Gebiet der Politik: Unsachlichkeit und – oft, aber nicht immer, damit identisch – Verantwortungslosigkeit. Die Eitelkeit: das Bedürfnis, selbst möglichst sichtbar in den Vordergrund zu treten, führt den Politiker am stärksten in Versuchung, eine von beiden, oder beide, zu begehen. Umso mehr, als der Demagoge auf »Wirkung« zu rechnen gezwungen ist, – er ist eben deshalb stets in Gefahr, sowohl zum Schauspieler zu werden, wie die Verantwortung für die Folgen seines Tuns leicht zu nehmen und nur nach dem »Eindruck« zu fragen, den er macht. Seine Unsachlichkeit legt ihm nahe, den glänzenden Schein der Macht statt der wirklichen Macht zu erstreben, seine Verantwortungslosigkeit aber: die Macht lediglich um ihrer selbst willen, ohne inhaltlichen Zweck, zu genießen. Denn obwohl, oder vielmehr: Gerade weil Macht das unvermeidliche Mittel und Machtstreben daher eine der treibenden Kräfte aller Politik ist, gibt es keine verderblichere Verzerrung der politischen Kraft, als das parvenümäßige Bramarbasieren mit Macht und die eitle Selbstbespiegelung in dem Gefühl der Macht, überhaupt jede Anbetung der Macht rein als solcher.

Der bloße »Machtpolitiker«, wie ihn ein auch bei uns eifrig betriebener Kult zu verklären sucht, mag stark wirken, aber er wirkt in der Tat ins Leere und Sinnlose. Darin haben die Kritiker der »Machtpolitik« vollkommen recht. An dem plötzlichen inneren Zusammenbruch typischer Träger dieser Gesinnung haben wir erleben können, welche innere Schwäche und Ohnmacht sich hinter dieser protzigen, aber gänzlich leeren Geste verbirgt. Sie ist Produkt einer höchst dürftigen und oberflächlichen Blasiertheit gegenüber dem Sinn menschlichen Handelns, welche keinerlei Verwandtschaft hat mit dem Wissen um die Tragik, in die alles Tun, zumal aber das politische Tun, in Wahrheit verflochten ist. Schüren von Hass und Angst. Das gezielte Pflanzen von gesellschaftlicher Disharmonie ist eine politische Todsünde und sollte mit Berufsverbot geahndet werden.

Der Text ist über ein Jahrhundert alt, hat jedoch bis heute seine Gültigkeit nicht verloren. Politisches Arbeiten ist nicht mit der Tätigkeit von Schauspielern zu verwechseln. Es erfordert Hausverstand, Einfühlungsvermögen, Gerechtigkeitssinn, umfassendes Allroundwissen und die Fähigkeit Situationen nach Möglichkeit objektiv zu beurteilen.

Daher wäre es angebracht Personen, die eine politische Funktion anstreben einem Test zu unterziehen, der über allgemeine Qualitäten, sowie sein analytisches Denkvermögen ein Urteil erlaubt. Zusätzlich soll das Berufs- und Familienleben nicht unbeachtet bleiben. Schöne Maske und großes Mundwerk sagt wenig über die erforderlichen Qualitäten aus. Politisches Agieren darf zu keiner theatralischen Selbstdarstellung verkommen, sondern ist eine sehr verantwortungsvolle Tätigkeit zum Wohle der Bürger und des Staates.

Wissenschaftskontrast

Die Quantenbewegung des Nanoteilchens lässt sich mit einem neuen Verfahren über die Größe des Teilchens hinaus ausdehnen.

Vor kurzem ist es Wissenschaftlern um Markus Aspelmeyer an der Universität Wien und Lukas Novotny an der ETH Zürich erstmals gelungen, die Bewegung gläserner Nanoteilchen im Labor in den quantenmechanischen Grundzustand zu versetzen. Dazu wird einem Teilchen mithilfe von Lasern ihre kinetische Energie entzogen. Übrig bleiben Bewegungen, sogenannte Quantenfluktuationen, die nicht mehr mit den Gesetzen der klassischen Physik, sondern jenen der Quantenphysik folgen. Die Glaskügelchen, mit denen das erstmals gelungen ist, sind deutlich kleiner als ein Sandkorn, bestehen aber immer noch auch einigen hundert Millionen Atomen. Im Gegensatz zur mikroskopischen Welt der Photonen und Atome eröffnen Nanoteilchen einen Einblick in die Quantennatur von makroskopischen Objekten. In Kooperation mit dem Experimentalphysiker Aspelmeyer macht nun ein Team von theoretischen Physikern um Oriol Romero-Isart von der Universität Innsbruck und dem Institut für Quantenoptik und Quanteninformation der Österreichischen Akademie der Wissenschaften einen Vorschlag, wie die Quanteneigenschaften von Nanoteilchen für verschieden Anwendungsmöglichkeiten nutzbar gemacht werden können.

Kurzzeitig delokalisiert. »Während Atome im Grundzustand zwischen den Gitterplätzen eines Festkörpers hin- und herspringen können, ist die Bewegung von makroskopischen Objekten im Grundzustand nur noch sehr gering«, erklären Talitha Weiss und Marc Roda-Llordes aus dem Innsbrucker Team. »Die Quantenfluktationen von Nanoteilchen sind kleiner als der Durchmesser eines Atoms.« Um die Quantennatur von Nanoteilchen nutzen zu können, muss die Wellenfunktion der Teilchen stark ausgedehnt werden. In dem Vorschlag der Innsbrucker Quantenphysiker werden die Nanoteilchen in optischen Feldern gefangen und in den Grundzustand gekühlt. Durch ein rhythmisches Verändern dieser Felder, gelingt es nun die Teilchen kurzzeitig über exponentiell größere Distanzen zu delokalisieren. »Schon kleinste Störungen können die Kohärenz der Teilchen zerstören, weshalb wir durch Ändern der optischen Potentiale, die Wellenfunktion der Teilchen nur kurz auseinanderziehen und dann gleich wieder komprimieren«, erläutert Oriol Romero-Isart. Durch die wiederholte Potentialänderung lässt sich so die Quanteneigenschaften des Nanoteilchens nutzbar machen.

Viele Anwendungsmöglichkeiten mit der neuen Technik können die makroskopischen Quanteneigenschaften näher untersucht werden. Es zeigt sich auch, dass dieser Zustand sehr sensitiv auf statische Kräfte reagiert. So könnte die Methode hochsensitiven Messgeräten ermöglichen, mit denen die Kräfte wie die Gravitation sehr präzise bestimmt werden können. Verwendet man zwei Teilchen, die gleichzeitig mit dieser Methode expandiert und komprimiert werden, würde es möglich diese auch über eine schwache Wechselwirkung zu verschränken und ganz neue Gebiete der makroskopischen Quantenwelt zu erkunden.

Gemeinsam mit anderen Vorschlägen bildet das neue Konzept die Grundlage für das im Vorjahr bewilligte ERC Synergy Grant Projekt Q-Xtreme, in dem die Forschungsgruppen von Markus Aspelmeyer und Oriol Romero-Isart gemeinsam mit Lukas Novotny und Romain Quidant von der ETH Zürich eines der grundlegendsten Prinzipien der Quantenphysik bis an die äußersten Grenzen treiben, indem sie einen Festkörper aus Milliarden von Atomen an zwei Orten gleichzeitig positionieren wollen.

Publikation: Large Quantum Delocation of a Levitared Nanoparticle using

Kontakt: Oriol Romero-Isart, Institut für Quantenoptik und Quanteninformation Österreichische Akademie der Wissenschaften.

Praktisches Beispiel – hoch aktuell

Wegen des Klimawandels wird es nicht nur in Österreich immer wärmer. Vor allem in der Landwirtschaft kämpft man mit Wassermangel. Ein neu entwickeltes Mittel zur Wasserspeicherung soll künftig bei der Bewässerung von Agrarpflanzen helfen.

Rund 70 Prozent des weltweiten Wasserverbrauchs gehen auf Kosten des Agrarsektors. Gleichzeitig steigen die Temperaturen. Das sei ein Problem, heißt es von einem Forscherteam aus Tulln. Daher entwickelte man zusammen mit Wissenschaftlern der BOKU Wien und des Austrian Centre of Industrial Biotechnology ein neues Gel, welches Wasser wie ein Schwamm aufsaugen und speichern kann. Dieses sogenannte Hydrogel könne dann beispielsweise zur Bewässerung in der Landwirtschaft eingesetzt werden.

Erste Versuche hätten gezeigt, dass Pflanzen mit Hilfe dieser Methode bis zu 52 Tage lang ausreichend mit Wasser versorgt werden können. Weitere Bewässerungen seien dabei nicht nötig. Zwar gäbe es bereits so genannte Hydrogele, so die Forscher. Das neu entwickelte Material sei aber im Vergleich zu den herkömmlichen Produkten völlig ungiftig. Daher könne dieses erstmals großflächig in der Agrarwirtschaft eingesetzt werden. Nachdem Ende Juli die Testphase beendet wurden, wird in Tulln nun für die ersten Kunden aus der Landwirtschaft produziert, heißt es weiter.

Weniger Wasser und Dünger

Weltweit betreiben laut den Wissenschaftlern vier von fünf Bauern Anbau mit Hilfe von Regenwasser. Da die neuesten Klimaprognosen immer längere Dürreperioden vorhersagen, könnte zukünftig wohl auch immer mehr Wasser aus

Flüssen und Seen entnommen werden. Darunter leiden der Mensch, aber auch Wildtiere und ganze Ökosysteme. Laut dem Start-up AgroBiogel aus Tulln könnte die neue Technologie aus Niederösterreich hier Abhilfe schaffen.

»Hydrogele werden auch Superabsorber genannt. Es sind Materialien, die in der Lage sind, ein Vielfaches ihres eigenen Gewichts an Wasser aufzunehmen und zu speichern.«, erklärt der Forscher Gibson Nyanhongo. Er ist gleichzeitig Co-Gründer des Tullner Jungunternehmens. »Unser Hydrogel ist ein natürliches Biogel, basierend auf Holz, welches bei der Herstellung von Papier als Abfallprodukt anfällt. Das Gel ahmt nicht nur Humus nach, es zerfällt mit der Zeit sogar zu Humus und verbessert damit die Fruchtbarkeit von Böden.«

Dadurch lasse sich das Mittel unter anderem auch in unfruchtbaren Regionen wie Wüstengebieten oder in städtischen Zentren für den Anbau von Kulturpflanzen und Bäumen einsetzen. Sowohl der Verbrauch von Wasser als auch von Dünger soll sich mit dem Gel um bis zu 70 Prozent reduzieren lassen. Nach einer weiteren Testphase könne man sich vorstellen, das neuartige Gel auch in kleineren Mengen privaten Kunden, wie beispielsweise im Einzelhandel, anzubieten.

Johannes Reiterits, noe.ORF.at, 14. August 2021

Wann wird das Thema Religion als das erkannt, wozu es in der Realität genutzt wird? Was gefährdet die Zukunft mehr, Atombomben oder die religiöse Ideologie der Taliban? Wie sieht die Zukunft aus, wenn diese Ideologie zur Weltreligion wird?

Wo bleibt der Funke Theologie als Wissenschaft zu eliminieren?

Weltethos – nicht ohne reale Basis

Der weltbekannte Kirchenkritiker Hans Küng war Mitbegründer der Stiftung Weltethos und deren Präsident bis 2013. Verstorben am 6. April 2021 im Alter von 93 Jahren in Tübingen. Seine kritische Hinterfragung der katholischen Domen löste den Konflikt mit dem Papst aus. Im Dezember 1979 entzog ihm Papst Johannes Paul II. die kirchliche Lehrerlaubnis.

Bei seinen empirischen Forschungen stellte er fest, dass allen Weltreligionen und philosophisch-humanistischen Ansätzen bereits grundlegende Werte- und Moralvorstellungen gemeinsam sind.

Die goldene Regel beispielsweise, nach der man sich seinen Mitmenschen gegenüber so verhalten soll, wie man selbst behandelt werden möchte, findet sich in allen Traditionen wieder. Ebenso die Forderung, dass alle Menschen menschlich behandelt werden müssen und Werte wie Gewaltlosigkeit, Gerechtigkeit, Wahrhaftigkeit sowie Partnerschaft von Mann und Frau. Für unsere globale Gesellschaft muss ein solcher gemeinsamer Wertekanon also nicht erst entwickelt werden, denn er existiert bereits: Wir nennen ihn »Weltethos«. Jedoch muss dieser Wertekanon immer wieder neu bewusst gemacht, gelebt und weitergegeben werden.

Ohne jetzt auf die kriegerische Situation der muslimischen Welt einzugehen, ist es angebracht auf die gegenwärtige Situation der katholischen Amtskirche an Beispielen des praktischen Lebens näher zu betrachten, um sich daraus ein Urteil ihrer qualitativen Eignung dieser weltumspannenden Aufgabe machen zu können. Obwohl historische Forschung und archäologische Funde die von der Kirche bis heute verbreiteten Ansichten und dogmatischen Glaubensgrundlagen stark erschüttert haben, war sie, von kleinen Zugeständnissen abgesehen, zu keinem Eingeständnis, geschweige einer Korrektur ihrer Lehre bereit.

Die katholische Kirche widerspricht in ihrer praktizierten Handlungsweise eklatant der Ursprungslehre von Jesus Christus.

Ein nicht vorstellstellbares Horrorszenario, wenn Millionen von Menschen durch Hunger zur Flucht genötigt werden und Europa als hoffnungsvollsten Erdteil der Welt als ihr Fluchtziel wählen. Hier geht es dann nicht mehr um Millionen von Menschen, sondern um Milliarden, die sich seine Heiligkeit, der Stellvertreter Gottes auf Erden, sowie die Untätigkeit der Weltorganisation UNO auf ihr Gewissen laden.

Rasche Aufklärung der afrikanischen Bevölkerung bezüglich Empfängnisverhütung und den zu erwartenden Folgen ihrer Nichtanwendung, einschließlich der staatlichen Freigabe der Antibabypille ohne Kosten für die betroffenen Frauen, stehen an der Tagesordnung. Dagegen zu predigen und es als »schwere Sünde« zu bezeichnen muss unter diesen drohenden Konsequenzen als Werk des Teufels bezeichnet werden.

Wahre Hilfe setzt das Erkennen der Realität voraus und das daraus nötige zukunftsorientierte Handeln. Es wäre höchste Zeit der Religion jenen Platz zuzuordnen, den sie durch das Handeln ihrer Repräsentanten und Vertreter verdient. Dieses Oberhaupt, Papst, Heiliger Vater und Stellvertreter Gottes genannt, wird durch das Dogma der »päpstlichen Unfehlbarkeit in Glaubensfragen« abgesichert. Was die tatsächlichen Weltprobleme anbelangt ist das Handeln der Kirche verantwortungslos und weltfremd, man kann es auch als kriminell bezeichnen.

Die Darstellung weiterer Beispiele erübrigt sich, um die Inkompetenz von Vertretern und Repräsentanten von Religionen in der Sache Weltethos zu begründen. Alle Religionen, deren Lehre ihre eigenen Mitglieder in der Erlangung des Heils begünstigen und die anderen Menschen schlechter stellt, missachten den Gleichheitsgrundsatz, somit Menschenrechte und Menschenwürde.

Dasselbe gilt für die absolute Gleichstellung von Frau und Mann. Damit fehlt diesen Religionsvertretern die moralische Qualifikation, ein Weltethos zu erarbeiten und zu realisieren. Es sollte auch bekannt sein, dass der Vatikan sich bis heute weigert, die Charta für Menschenrechte zu unterzeichnen. Man könnte es in gewisser Weise als paradox empfinden, gerade von jenen Institutionen Gerechtigkeit für die Menschheit zu erwarten, die für den Hauptanteil der kriegerischen Auseinandersetzungen der Geschichte verantwortlich zeichnen. In der Alltagspraxis ist dies bedauerlicherweise eine gewohnte Erscheinung, dass die Partei mit Hang zur katholischen Tradition ihre Mitglieder bei der Zuteilung von Arbeitsplätzen eindeutig bevorzugen und sich somit zu Protektoren der Zweiklassengesellschaft machen.

Um von den christlichen Religionen einen kurzen Einblick zur nächsten Hauptreligion, dem Islam zu machen, genügen wenige Sätze. Der Konflikt zwischen den muslimischen Staaten infolge zwei verschiedener Ansichten innerhalb der gleichen Religion, geteilt in Schiiten und Sunniten, scheint derzeit unlösbar zu sein, obwohl deren Ethos dasselbe ist. Die Theorie, dass Religionen entzweien, statt verbinden, siehe Afghanistan und Iran hat einen hohen Wahrheitsgehalt.

Hauptmotive für Vertreter und Anhänger von Religionen sind sehr oft machtpolitischer Prägung, was mit der Begünstigung ihrer eigenen Mitglieder im Rahmen der Himmel-Hölle-Theorie zum Ausdruck gebracht wird. Die Einstellung »Wir sind die Guten, die anderen die Bösen« hat einen nationalistischen Hang, gekoppelt mit Fanatismus und Fremdenhass.

Einen großen Fehler begehen Religionsvertreter in der

Aufteilung der Menschen in Gläubige und Nichtgläubige. Glaube ist eine persönliche Überzeugung, unabhängig von vorgegebenen Theorien oder einer Mitgliedschaft. Humanitäres Wirken und Streben, ohne Bindung zu einer anerkannten Religion, stellt die richtige Einstellung zu Leben und Gemeinsamkeit dar. Dieser Weg gibt Hoffnung auf positive Veränderungen auf der Welt.

Das bedeutet natürlich nicht den Ausschluss von Mitgliedern der verschiedensten Religionen. Es soll ihnen jedoch bewusst sein, dass die theoretische Grundlage einer Religion, vielleicht auch der ihren, mit dem Aufbau eines Weltethos im Widerspruch stehen könnte. Jede Person hat daher im Sinne »Gleichheit für alle« die persönliche Entscheidung zu treffen. Die Chance für die Realisierung eines Weltethos kann nur auf religionsneutraler Ebene stattfinden, um die Unverträglichkeit von Feuer und Wasser zu umgehen.

Klärungsversuch

Die Herrscher von Völkern und religiösen Vereinigungen, die im Namen Gottes Menschen töten und ins Verderben bringen, machen aus Gott ein Monster, dass es nie gegeben hat, noch geben wird. Was dabei unter dem Decknamen »Religion« geschieht, ist ein Horror, fern von Gerechtigkeit und Humanität.

Menschenrechte Religionsfreiheit Artikel 18 – ein Freibrief?

Definition: Jeder Mensch hat Anspruch auf Gedanken-, Gewissens- und Religionsfreiheit; dieses Recht umfasst die Freiheit, seine Religion oder seine Überzeugung zu wechseln, sowie die Freiheit, seine Religion oder seine Überzeugung allein oder in Gemeinschaft mit anderen, in der Öffentlichkeit oder privat, durch Lehre, Ausübung, Gottesdienst und Vollziehung von Riten zu bekunden.

Die internationale Definition für Religionsfreiheit im Rahmen der Menschenrechte beinhaltet einen schwerwiegenden Fehler, der genau das gestattet, was im Sinne des Friedens und der Humanität verhindert werden soll. Diese »Gedanken und Gewissensfreiheit« darf nicht gestatten, dass laut Glaubensbasis einer Religion Andersgläubige und Nichtgläubige benachteiligt, ja sogar getötet werden dürfen.

Diese Definition von Religionsfreiheit veranlasste mich eine Stellungnahme dazu von Herrn Justizminister Wolfgang Brandstetter anzufordern.

Sehr geehrter Herr Dr. Pirker!
Zu Ihrer Eingabe vom 2. Mai 2015 muss ich Ihnen als stellvertretende Leiterin der für Angelegenheiten des Rechtsschutzes zuständigen Abteilung im Bundesministerium für Justiz mitteilen, dass das Bundesministerium für Justiz nur Anfragen betreffend den eigenen Wirkungsbereich beant-

worten kann. Dazu gehören Angelegenheiten der Zivil- und Strafgerichtsbarkeit, nicht aber Angelegenheiten der Religionsgemeinschaften. Insbesondere steht es dem Bundesministerium für Justiz als Zentralstelle der Justizverwaltung nicht zu, die Dogmeninhalte bzw. Glaubenssätze von Religionsgemeinschaften zu überprüfen. Ich bedaure, keine Ihrem Anliegen besser entsprechende Mitteilung machen zu können und Verbleibe mit freundlichen Grüßen
Wien, 22. Mai 2015

Volksanwaltschaft
Bedauerlicherweise kann in dieser Angelegenheit die Volksanwaltschaft, siehe beigefügte Antwort, durch den gegebenen gesetzlichen Status nichts unternehmen.

Nicht der Prüfungsbefugnis unterliegen Rechtsträger, die überhaupt keine staatlichen Aufgaben besorgen (Kirchen und Religionsgemeinschaften). Bezüglich Ihrer generellen Kritik an der katholischen Kirche muss ich Ihnen daher nochmals mitteilen, dass diese keine Behörde ist und somit keiner Überprüfung durch die Volksanwaltschaft unterliegt.

Hinsichtlich Ihres Beschwerdepunktes in Bezug auf die Anerkennung der katholischen Kirche darf ich Ihnen Folgendes mitteilen:

Die Beziehungen zwischen der Republik Österreich und dem Heiligen Stuhl reichen weit in die Geschichte zurück. Beim Heiligen Stuhl handelt es sich um ein Völkerrechtssubjekt, mit welchem die Republik Österreich zahlreiche Staatsverträge (Konkordate) abgeschlossen hat. Diese Staatsverträge haben gesetzesergänzenden Inhalt und stehen somit im Rang eines Bundesgesetzes. Sie wurden vom Nationalrat ratifiziert und sind im Bundesgesetzblatt veröffentlicht.

Es handelt sich folglich um Akte der Gesetzgebung, und diese unterliegen wie eingangs erwähnt nicht der Prüfbefugnis der Volksanwaltschaft.

Mit Ihrem Schreiben bringen Sie sehr interessante politische Thematiken auf. Ich muss Sie dennoch um Verständnis dafür ersuchen, dass mir in Ihrem Fall im Rahmen meiner (verfassungs-) gesetzlich festgelegten Befugnisse keine Möglichkeiten offenstehen, Ihrem Anliegen nachzugehen.

Volksanwalt Dr. Peter Fichtenbauer

In einer Demokratie, wo auf Freiheit und Gerechtigkeit Wert gelegt wird, haben religiöse Institutionen sich dem Staat unter zu ordnen und nicht umgekehrt! Dieser Status ist ein Armutszeugnis demokratischer Regierungen, der eine längst fällige Korrektur erfordert! Natürlich habe ich alle Parteien in Österreich, sowie die Sozialdemokraten und Linke in der BRD damit konfrontiert.

Resultat: Außer einer Reaktion war Schweigen übliche Tagesordnung.

Die Antwort kam von der ehemaligen Präsidentin des Obersten Gerichtshofes, Kandidatin bei der Bundespräsidentenwahl 2016, ehemaligen Nationalratsabgeordneten der NEOS, Frau Dr. Irmgard Griss.

Lieber Herr Pirker,
vielen Dank für Ihre Nachricht. Ich habe Ihre Ausführungen mit Interesse gelesen, bin aber nicht Ihrer Meinung, dass Theologie nicht an Universitäten gelehrt werden sollte. Die Universität ist der Ort, sich kritisch mit Themen auseinanderzusetzen. Das gilt auch für die Theologie; auch hier gibt es keine Denkverbote, auch wenn die Lehrbefugnis nur mit Zustimmung des Vatikans erteilt werden kann. Wichtig ist, zwischen Glaubenslehren und dem Glauben des einzelnen Menschen zu unterscheiden. Der Glaube jedes Menschen ist zu respektieren; Glaubenslehren dürfen und müssen aber Gegenstand kritischer Auseinandersetzung sein. Das ist der

beste Schutz gegen den immer wieder unternommenen Ver-
such, mit Hilfe von Religion Macht über andere Menschen
auszuüben.

Herzliche Grüße,
Irmgard Griss

Danke für Ihre Antwort.

Das alte Obrigkeitsdenken steht nicht im Einklang mit den
Anforderungen des 21. Jhdt. Denkverbote auf der Theologischen Fakultät, die von der Zustimmung des Vatikans
abhängig sind, ist nach wie vor eine Selbstverständlichkeit. Um auf dem Boden der Realität zu bleiben, sei auf
den Entzug der Lehrtätigkeit von vier bekannten Personen
hingewiesen. Ihre Namen sind: Uta Ranke-Heinemann,
Hubertus Mynarek, Hans Küng und Eugen Drewermann.
  Das Dogma »*Maria war Jungfrau vor, in und nach der
Geburt*«, hatte für Uta Ranke-Heinemann und Eugen Drewermann ihre berufliche Suspendierung zur Folge. Historisch ist erwiesen, dass der Begriff Jungfrau durch eine
falsche Übersetzung aus dem Aramäischen »junge Frau«
entstanden ist.
  Ob es kirchliche Absicht war, daraus den Worten«junge
Frau« eine Jungfrau zu machen, überlasse ich den Lesern.
Jesus Christus hatte nach historischen Aufzeichnungen
vier Brüder und vermutlich (Frauen waren nicht registrie-
rungspflichtig) zwei Schwestern.

Uta Ranke-Heinemann, ehemalige Professorin für Theologie, wurde 1987 vom Bischof die Lehrbefugnis entzogen,
da sie in einer Fernsehsendung folgenden Wortlaut von sich
gab: »Viele Juden sind umgebracht worden, weil sie nicht

an die Jungfrauengeburt glauben konnten. Und ich kann es auch nicht.«

Eugen Drewermann, bekannter Autor, war Dozent an der theologischen Fakultät Baderborn. Als Drewermann 1991 in einem Interview die Jungfrauengeburt als biologische Tatsache anzweifelte, entzog man ihm die Lehr- und Predigtbefugnis. Anschließend erfolgte 1992 die Suspension vom Priesteramt.

Ursache dafür waren kritische Äußerungen über die Jungfrauengeburt, Auferstehung, Himmelfahrt und andere theologische Fakten.

Er hat diese symbolisch gedeutet und nicht als reale Wirklichkeit.

Als ehrlicher Wissenschaftler bewegt man sich im Rahmen der Theologie in der Quadratur des Kreises. Hausverstand, Logik und reales Erkennen gegen dogmatische Vorgaben und Glaubenssätze.

Sg. Frau NR DR. Irmgard Griss – wenn Sie der Überzeugung sind, »*Glaubenslehren dürfen und müssen aber Gegenstand kritischer Auseinander-setzung sein. Das ist der beste Schutz gegen den immer wieder unternommenen Versuch, mit Hilfe von Religion Macht über andere Menschen auszuüben*«, dann sind wir gleicher Meinung.

Genau das ist mein Streben, eine glaubwürdige Verhaltensweise zu erreichen, um die rechtlich abgesicherte »**Narrenfreiheit der Religionen**« zu beenden!

Alleine das Sakrament der Buße, gestützt durch Dogmen und Glaubenssätze, wodurch sich die Kirche ein beachtliches Vermögen erschwindelt hat, gehört zu den größten kriminellen Tatbeständen der Geschichte. Das politische System hat die Pflicht Schritte zu setzen, die Entmündigung der Bürger durch die katholische Kirche zu beenden und Gesetze den neuen Erkenntnissen anzupassen!

Oder sollten etwa die Bürger auch schweigen, falls die Regierung im 21. Jhdt. auf die Idee käme ein Gesetz zu beschließen, dass der Zugverkehr mit Dampflokomotiven zu erfolgen hat?

Eine historisch geschaffene Institution, die sich selbst verbietet Fehlentscheidungen zu korrigieren, ist mit Vernunft und Demokratie, geschweige Wissenschaft unvereinbar.

Was ist ernstes Suchen?
Wiedergegeben aus: ABD--RU—SHIN, Fragebeantwortungen (1924 – 1937)

Es ist gerade das nicht, was man heute damit bezeichnet! Wer ernsthaft, also ehrlich nach der Wahrheit sucht, muss sich innerlich erst einmal völlig reinigen, das heißt, leermachen von allen bisher Gelernten und Gelesenen, es vollkommen zur Seite schieben, auch jegliche Personen ausschalten, und dann still in sich das »Wort« durchempfinden, wie ein Kind, welches vor etwas Neuem steht. Nicht umsonst findet der Mensch bei Kindern oft die untrüglichste Beurteilung von Dingen und Menschen, weil diese allem unvoreingenommen und harmlos gegenübertreten.

Es klingt dies leicht, ist aber das Schwerste für den heutigen Menschen. Es gibt für ihn kein größeres Hindernis als gerade dies. Und da ich das ernste Suchen als Grundbedingung für die Aufnahmemöglichkeit des eigentlichen Inhaltes der Gralsbotschaft verlange, so stelle ich damit die größte Forderung an den Menschen, die überhaupt an ihn gestellt werden kann. Dadurch schließe ich auch gleichzeitig alles auf eigenes Wissen eingebildeten von vorn herein

ganz bestimmt aus. Eine Sichtung, bei der nur der demü-
tige die Palme der wahren Erkenntnis erhalten kann in
folgerichtiger Wechselwirkung, während die anderen leer
ausgehen.

Dies alles verstandesmäßig zu erkennen, ist erst mit eini-
gen Ausnahmen dem neuen Geschlecht vorbehalten. welches
die jetzige Zeit überleben wird; den erst der gereinigte Ver-
stand, der von allen Schlacken jetziger Verirrung und Eitel-
keiten durch Erleben gewaltsam gesäubert wurde, bringt die
dazu gehöhrende unbeeinflusste Erfassungsmöglichkeit!

Dieses neue Geschlecht ist aber nicht erst in Jahrhunderten
zu erwarten, sondern es lebt bereits und wird nur dadurch
neu, weil dessen Zugehörige verschiedenen Alters geläutert
aus den Rädern und Steinen der Mühlen hervorgehen, die
jetzt bereits zu mahlen beginnen! Während alle anderen da-
rin zerrieben werden.

Ein derart ernsthaft Suchender wird nicht Vereinigungen
suchen, sich keinen Sekten anschließen und auch nicht das
Bedürfnis zu Zusammenschlüssen haben. Er verarbeitet alles
in sich allein, da ihm ein anderer darin nicht zu helfen ver-
mag. Nur so wird es in ihm lebendig und sein Eigentum, das
er mit anderen nicht teilen kann.

Demokratie kapituliert vor Kirche

Regierungen leiden unter einer historischen Pandemie. Religion nennt sich das Virus, die Menschen wie eine Krankheit vereinnahmt. Sich dagegen erfolgreich zu schützen,
verhindert der Staat mit seinen gesetzlichen Bestimmungen. Er fördert sie noch mit staatlicher Unterstützung und
bildet ihre Akteure aus.

Die katholische Kirche beruft sich seit Jahrhunderten
auf Jesus Christus. Er hat weder eine Kirche gegründet,
geschweige Sakramente eingeführt. Er ist für sie der Sohn
Gottes, ohne auf seine Lehre Rücksicht zu nehmen. Studiert
man ihre historische Entwicklung, ist man schockiert, wie

Glaube für den Aufbau ihrer Machtposition missbraucht wurde und noch immer wird. Eugen Drewermann und Hubertus Mynarek gehören gegenwärtig zu den bekanntesten Kirchenkritikern.

Karl-Heinz Deschner (1924 – 2014) war der aktivste Kirchengegner des letzten Jahrhunderts. Seine Werke präsentieren die Vergehen der Kirche im Detail. Bei den Lesern fand er großes Echo und Anerkennung. Religionsfreunde stehen seinen Aussagen in manchen Bereichen kritisch gegenüber.

Unverständlich ist, dass Theologie als Wissenschaft staatlich anerkannt wird. Hat doch die Glaubenslehre der katholischen Kirche nichts mit Realität zu tun, sondern basiert im Wesentlichen auf historisch keineswegs unbedenkliche Überlieferungen, konstruierten Texten und Legenden. Diese wurden zum Nutzen ihrer Strategie angepasst und geändert. Würde Jesus Christus heute mit ihren Dogmen und Glaubenssätzen konfrontiert, er käme sich vor wie in einer Geisterbahn. Doch die hohen Vertreter dieser Institution präsentieren sich wie frühere Adelige und Könige. Ihr oberster Repräsentant »Seine Heiligkeit« ernannte in der Vergangenheit Kaiser und Könige. Als Stellvertreter Gottes auf Erden ist er unfehlbar in seinen kirchlichen Entscheidungen.

Wie solche Fakten die Basis einer realen Wissenschaft sein können, wäre Zeit zu klären. Natürlich halten die Kirchenvertreter ihre Glaubenslehre für etwas ganz besonderes, da sie »*die höchste Gewissheit ihrer Erkenntnis, die sich auf das unfehlbare Wissen Gottes gründet*« präsentiert.

Aus Machtstreben wird Denken auf Vernunftebene und angemessene Reaktion auf neue Erkenntnisse verweigert. Eine klug inszenierte Taktik, der man mit gutem Gewissen keinerlei Glaubwürdigkeit schenken darf.

Eine Regierung, deren Gesetze die Bürger entmündigt und einer kriminellen Institution Handlungsfreiheit garantiert, ist mit Recht und Gerechtigkeit unvereinbar!

Voraussetzungen zur Anerkennung einer Religion

Die Anerkennung einer Religion ist Angelegenheit des Staates. Doch nimmt er diese Pflicht ernst? Mit Sicherheit nicht. Wie wäre es ansonsten möglich, einer Kirche die staatliche Anerkennung zu gewähren, die ihre Mitglieder seit Jahrhunderten belügt und betrügt?

Die Nichteinmischung des Staates in kirchliche Angelegenheiten ist unangebracht, wenn Menschenrechte und Menschenwürde durch Religion missachtet werden. Der Zölibat, ein finanzielles Faktum, hat schon einer großen Anzahl von Personen menschliches Leid und Existenzprobleme verursacht. Verheiratete Priester der orthodoxen oder evangelischen Kirche werden problemlos von der katholischen Kirche angestellt, vermutlich aus Konkurrenzgründen. Eine beachtliche Anzahl von katholischen Priestern, die sich öffentlich zu ihrer Partnerin bekannt haben, wurde suspendiert. Offiziell werden sie von der Amtskirche aufgefordert darüber zu schweigen, bei gleichzeitigem Anbot für Kinder Alimente zu bezahlen. Das ist widerliches unsittliches Handeln.

Die Anständigen werden durch Kündigung bestraft, Priester die lügen und heucheln werden unterstützt! Das ist das wahre Bild der katholischen Amtskirche! Ebenso wenig einsehbar ist die Diskriminierung der Frauen.

Welche Achtung die Kirche für Frauen erübrigt, erkennt man in der Untersagung von Abtreibungen, wenn Frauen durch Vergewaltigung oder Inzest geschwängert wurden. Wie eine derart Menschen verachtende Haltung, ausgerechnet jenen gegenüber, die Verständnis, Hilfe und Zuneigung brauchen, zu rechtfertigen ist, wird auf widerliche Art geheuchelter Moral beantwortet. Ihre Rechtfertigung gegen die Abtreibung, was für sie ein »abscheuliches Verbrechen« darstellt, ist der ungeborene Mensch als Ebenbild Gottes. Das Schicksal der Frau ist für sie eine Nebensache, ohne jede Hilfeleistung!

Wie ist es zu verstehen, dass die katholische Kirche trotz ihres höchst bedenklichen Handelns vom Staat für die Ausübung ihrer Religion besondere Rechte und Schutz genießt? Wie ist das mit Gerechtigkeit, Humanität und Demokratie vereinbar?

Eine entsprechende Stellungnahme zum Islam würde umfassender sein. Alleine die Aufforderung in Koranversen Nichtgläubige zu töten, sowie die Einstellung zur Frau ist mit einer Anerkennung durch eine demokratische Regierung unvereinbar!

Religion ist Privatsache
Das bedeutet Trennung von Staat und Religion. Erforderlich ist die staatliche Kontrolle ihrer Aktivitäten bezüglich Achtung der Menschenrechte und der Menschenwürde. Die religiöse Differenzierung (Himmel – Hölle System) zwischen Mitglieder und Nichtmitglieder, zum Nachteil der zweiten Gruppe, darf gesetzlich nicht erlaubt werden! Diese Maßnahme ist nicht nur auf anerkannte Kirchen und Religionsgemeinschaften zu beschränken, sondern haben auch für Sekten zu gelten. Es darf keine negative Einstellung zu Nichtmitgliedern, sowie ausgetretenen Mitgliedern erlaubt sein. Besonders bedenkliche Gemeinschaften, wie die Scientology Sekte und ähnliche, sind unter staatliche Beobachtung zu stellen. Ein Verbot dieser Organisationen wäre ratsam.

Die Person entscheidet

Die Kindstaufe in Kombination mit automatischer Mitgliedschaft ist eine geistige Vergewaltigung und mit Demokratie unvereinbar. Ausschließlich die Person selbst entscheidet im mündigen Alter über eine Mitgliedschaft. Daher ist in den öffentlichen Schulen das Fach Religion durch das Fach Ethik zu ersetzen. Die Jugendlichen erhalten dadurch Einblick in die Besonderheiten diverser Religionen. Religionslehrer/innen kommen wegen fehlender Objektivität als Ethiklehrer/innen nicht in Frage.

Gleichberechtigung von Frau und Mann

Die Gleichberechtigung von Frau und Mann ist eine Selbstverständlichkeit. Dies durchzusetzen ist bei der Weltreligion Islam eine besondere Herausforderung. Bei Vergabe der Staatsbürgerschaft ist per Vertrag die Akzeptanz dieser Forderung abzusichern. Imame, die dies missachten und demokratisches Verhalten kritisieren, sind mit Berufsverbot zu bestrafen. Sind sie nicht Bürger der EU, ist ihre Abschiebung in ihr Herkunftsland zu veranlassen.

Ethik anstatt Religionsunterricht

Ethik bedeutet die Schulung der Urteilskraft über gut – böse/schlecht. Während des gesamten Lebens ist man konfrontiert mit den Fragen: »Was sollen wir tun? Wie sollen wir handeln?« Ständig müssen wir entscheiden, was für die gegebene Situation das möglichst Beste ist. Ob eine Handlung als gut oder schlecht bewerten wird, hängt von der Qualität der Entscheidung ab. Diese setzt besonders in fachlichen Bereichen entsprechende Kenntnisse voraus. Korrektes Handeln kann wegen der Vielfalt der Gesichtspunkte sehr komplex werden. Weisheit, Klugheit und Achtsamkeit sind Hauptkomponenten für tugendhafte und gerechte Entscheidungen.

Die Qualität des persönlichen Handelns steht somit in enger Korrelation mit der Qualität des Gewissens der Person. Ein wichtiger Grund Religion durch Ethik zu ersetzen liegt in deren Bedenklichkeit bezüglich Objektivität und Wahrheit. Längst als falsch erkannte Ansichten zu lehren und als Glauben zu verteidigen, steht im Widerspruch zu Vernunft und Gerechtigkeit. Kinder in der Schule diesem Lügenpotential auszusetzen, ist mit Verantwortung und Humanität unvereinbar!

Gläubige ohne Mitgliedschaft

Diese werden von der Kirche mit der Kurzbezeichnung **oB** (ohne Bekenntnis) gekennzeichnet. Eine Falschdeklaration, da die Überzeugung einer geistigen Fortexistenz nach dem körperlichen Tod mit keiner Mitgliedschaft einer Religion verbunden werden darf! Wenn schon diese Kennzeichnungsart verwendet wird, ist in kB (kirchliches) und eB eigenes oder pB persönliches Bekenntnis zu unterscheiden. Für Atheisten wäre oB ohne Bekenntnis angebracht. Die Vertreter der Religionen haben zu akzeptieren, dass ein hoher Anteil ihrer Mitglieder die Vorgaben der Kirche für nicht glaubwürdig halten. Tradition und Brauchtum sind sehr oft der wahre Grund ihrer nicht stornierten Mitgliedschaft. Beschäftigt man sich mit der historischen Entwicklung der kath. Kirche und ihren Glaubensgrundlagen, ist der Austritt eine logische Selbstverständlichkeit.

Diese Menschen gehören keiner Religionsgemeinschaft an. Sie sind von der geistigen Fortexistenz überzeugt und haben sich ihre eigene Meinung gebildet. Durch die Geburt wird man üblicherweise, je nach Kontinent und Land, mit der dort dominierenden Religion beglückt, was man als Zufall oder Schicksal bezeichnen kann. Der Abschied von der angeborenen Religion kann als persönliche Befreiung von der Diktatur Kirche bezeichnet werden.

Quantenphysik, Erkenntnisse aus Nahtoderfahrungen, sowie der nachgewiesene Kontakt mit Verstorbenen geben neue Perspektiven über unsere Fortexistenz.

Möge jeder Mensch das glauben, wovon er überzeugt ist und seinem Leben Sinn gibt.

Ablehnung der Anerkennung
Wenn die religiösen Vorgaben eindeutig von einer Person oder Institution sind, die zum Vorteil und Nutzen derer ausgelegt oder inhumane Aufgaben und Verpflichtungen gefordert werden. Gleiches gilt für religiöse Zusagen und Hoffnungserweckungen, die mit Vernunft und Gerechtigkeit unvereinbar sind.

Davon betroffen wären die zwei größten Weltreligionen.

Auslöser meiner Analyse

Ein Freund von mir, er war von Beruf gelernter Müllner, entschied sich im Alter von 28 Jahren Priester zu werden. Nach seiner Weihe übernahm er im Stift seines Ordens die Betreuung der wirtschaftlichen Angelegenheiten. Ein Forstbetrieb mit 12.000 ha Wald und Sägewerke waren die finanzielle Basis. Eines Tages wurde er vom Abt beauftragt eine neue Heizungsanlage zu planen. Es war für ihn eine Selbstverständlichkeit diese mit Holz und den Sägewerksabfällen zu betreiben. Nach seiner Planübergabe eröffnete ihm der Abt, dass er von ihm keine Zustimmung bekommt. Er gab ihm die Order die neue Heizung an die Ferngasleitung anzuschließen. Die Rinden- Sägemehl und Holzabfälle wurden weiterhin in einer Waldschlucht zur Verrottung deponiert.

Diese wirtschaftliche und ökologische Ignoranz seines Abtes war für ihn ein Schock. Um die Realisierung der Gasheizung nicht mit ansehen zu müssen, ließ er sich als Religionslehrer in eine entfernte Stadt versetzen. In dieser Schule blühte er auf und die Schüler waren von der offenen Art seines Unterrichtes sehr angetan. Die Schulleitung beschloss, ihn durch Pragmatisierung als Religionslehrer abzusichern. Gegen dieses Vorhaben legte sich sein Abt quer und befahl seine Rückkehr.

Zu diesem Zeitpunkt besuchte er mich. Er hatte große Bedenken in das Stift zurück zu gehen und wie gerne er in der Schule bliebe. Er fragte mich um meinen Rat, was er tun solle. Bleibt er in der Schule wird er wegen Gehorsamsverweigerung vom Orden ausgeschlossen. Ich mache mir bis heute Vorwürfe, statt klare Worte ihm eine diplomatische Antwort gegeben zu haben. Es war einfach der Respekt und die Achtung vor der Kirche, was mich daran hinderte, ihm den Austritt vom Orden zu empfehlen. Daher sagte ich »das sei seine persönliche Entscheidung und er soll das tun, was er für richtig hält«.

Leider unterwarf er sich der Order seines Abtes, von dem er als Seelsorger einem Alten- und Pflegeheim zugeteilt wurde. Für ihn war dies ein Kontrastprogramm wie Tag und Nacht. Die Konsequenzen ließen auch nicht lange auf sich warten. Da er die Erwartungen diverser Betschwestern nicht erfüllte, bekam der Abt Beschwerdebriefe folgender Inhalte. Der Pater verehrt nicht so sehr das Heiligste Herz Jesu und die Heilige Muttergottes wie sein Vorgänger. Auch spricht er nicht so schön über den Heiligen Vater, wie sie es gewohnt sind. Als Konsequenz daraus wurde er vom Abt vor das Kirchengericht zitiert. Als er mich das letzte Mal besuchte teilte er mir mit, dass er zum zweitem Mal vor dem Kirchengericht stand und wieder schwören musste, von den Lehren der Kirche nicht abzuweichen.

Als nächste Information erhielt ich die Pate seines Begräbnisses, ausgeführt sehr feierlich im Stift. Der Abt unterwarf sich in seiner Würdigung des Lebens und der Werke seines lieben Mitbruders keiner Einschränkung. Durch Zufall ging ich beim Friedhofsgang neben einer Berufskollegin von ihm. Sie erzählte mir, wie gerne das Lehrpersonal und die Schüler ihn hatten, anschließend von seinem Selbstmord aus Verzweiflung.

Als Andenken habe ich ein Buch, das er mir mit den Worten »lese das Buch, es ist einfach schockierend, was sich die Kirche alles zu Schulden kommen hat lassen!« gab. Der Titel: »Das Kreuz mit der Kirche – eine Sexualgeschichte des Christentums« vom bekannten Kirchenkritiker Karlheinz Deschner. Er ist Autor mehrerer Bücher, sowie der 10 bändigen Buchserie »Kriminalgeschichte des Christentums«.

Das Buch wurde von mir nie fertiggelesen, da ich es nach wenigen Seiten immer wieder angewidert weglegen musste. Heute steht es als Erinnerung an ihn in meinem Bücherschrank. Seine Offenheit zur Wahrheit gegenüber seiner eigenen Kirche, sowie das Interesse auch für andere Religionen, waren Grund für seine Beliebtheit. Leider kam ihm die wahre Erkenntnis zu spät. Er wurde Opfer eines brutalen Vorgesetzten, der weder von Ökonomie, geschweige von der Lehre Jesus etwas verstand. Möge der Abt als Verstorbener nun seine Aufklärung im katholisch gelehrten »Höllenbereich« erhalten!

Ich bedaure bis heute, dass ich aus Achtung vor der Kirche meine wahre Überzeugung »**tritt aus dem Orden aus**« nicht gesagt habe!

Konsequenz daraus: **Folge der qualitativen Entscheidung Deines Gewissens.**

Finde Deinen Weg

Geistige Freiheit und Meinungsäußerung garantiert ein demokratisches Grundgesetz, dieses hat aber keine Gültigkeit im Rahmen der katholischen Kirche.

Sie haben die Möglichkeit sich zwischen der Akzeptanz diktatorischer Vorgaben ohne Wahrheitsgehalt oder kritischen Denken und Vernunft zu entscheiden. Anders ausgedrückt, zwischen Unterjochung und geistiger Freiheit.

Lassen Sie sich nicht irritieren. Besinnen Sie sich auf die Grundaussage der Lehre Jesus »Liebe Deinen Nächsten, wie Dich selbst«. Verlassen Sie sich auf Ihre innere Stimme in der Entscheidung Ihres Handelns. Bitten Sie Ihren Schutzengel um seine Begleitung.

Sind Sie Kirchengeher, so machen Sie ruhig weiter. Die Gemeinsamkeit bei Andacht, Gebet und Gesang hat eine tiefe meditative Wirkung, auf die Sie nicht verzichten sollten.

Machen Sie einen Neubeginn in Ihrer christlichen Lebensweise. Befreien Sie sich von der auf menschlicher Ebene produzierten Last eines diktatorischen Regimes.

Nicht Fremdbestimmung, persönliche Überzeugung bringt Zufriedenheit und Freiheit.

Freundlichkeit ist meine wahre Religion.
Freundlichkeit ist meine wahre Religion. Gleichgültig ob du studiert hast oder nicht, ob du an Gott glaubst oder Buddha oder irgendeine andere Religion oder nicht: im Leben von Tag zu Tag musst du ein freundlicher Mensch sein. Wenn du von Freundlichkeit motiviert bist, spielt es keine Rolle ob du

Arzt bist oder Rechtsanwalt, Politiker oder Beamter, Arbeiter oder Ingenieur. Was auch immer dein Beruf oder Arbeitsgebiet ist: tief im Inneren bist du ein freundlicher Mensch.

Liebe, Mitgefühl und Toleranz sind Notwendigkeiten, nicht Luxus. Ohne sie kann der Mensch nicht überleben. Wenn du einer bestimmten Überzeugung oder Religion angehörst, so ist dies gut. Aber du kannst auch sie überleben, wenn du Liebe, Mitgefühl und Toleranz besitzt. Der klare Beweis für die Gottesliebe eines Menschen ist, dass dieser seinen Mitmenschen wahre Liebe zeigt.

Um das Glück und Wohl anderer zu fördern, müssen wir eine besondere altruistische Einstellung haben, mit der wir die Bürde auf uns nehmen können, anderen zu helfen. Dazu müssen wir ein großes Mitgefühl besitzen, uns des Leidens anderer annehmen und etwas daran verändern wollen. Um schließlich starkes Mitgefühl zu haben, brauchen wir einen ausgeprägten Liebessinn, der beim Anblick fühlender Wesen den Wunsch verspürt, dass sie glücklich sind, der sich über jeden freut und ihm wünscht, dass er glücklich sei, wie eine Mutter es ihrem geliebten Kind ersehnt. Um dir eine Vorstellung von der Nähe der anderen und für deine Wertschätzung für sie zu machen, denke an eine Person in deinem Leben, die sehr freundlich zu dir war. Dann dehne deine Dankbarkeit, die dich erfüllt, auf alle Wesen aus.

Weg zu Gott, Tenzin Gyatso, XIV. Dalai Lama

Bildungsweg

Im Jahr 1948 trat ich in die Schule ein. Ich war so klein, dass ich auf den Zehenspitzen stehend, kaum die Türschnalle des Klassenzimmers erreichte. Schönschreiben war mein Hauptproblem. Die 3. Klasse schloss ich mit »nichtgenügend« ab. Zu Beginn des Wiederholungsjahres stellte mich die Lehrerin als Sitzenbleiber vor, der in der letzten Bank der »Eselbank« zu sitzen hat. Natürlich war ich ihren Schikanen das ganze Schuljahr ausgeliefert. Auf die Toilette gehen erlaubte sie erst nach langem Aufzeigen, was schon schmerzhaft war. Mein Vater schrieb ihr eine Mitteilung, dass sie mich doch gehen lassen soll. Ihre Antwort: Nur mit ärztlicher Bestätigung. Das war nicht möglich, da Bauern keine Versicherung hatten und für so etwas kein Geld verfügbar war. Zum Ende des Schuljahres bekam wieder »nichtgenügend«. Ihr Kommentar »der Herr Direktor hat gesagt für mich ist sowieso Hopfen und Malz verloren, ich soll gnadenhalber aufsteigen«.

Die Religionsstunde in der Schule, vom Herrn Pfarrer gehalten, begann stehend mit dem Vaterunser. Mein Freund stellte sich eines Tages hinter mich und erzählte mir, anstatt zu beten, einen Witz. Ich begann zu lachen. Der Pfarrer befahl mir, zu ihm zu kommen. Ohne eine Frage zu stellen, legte er mich in sitzender Stellung über sein Knie und versohlte meinen Hintern mit dem Holzstab. Heute würde er dafür vor Gericht kommen.

Ab meinem 12. Lebensjahr musste ich um 5.30 Uhr aufstehen und bei der Arbeit im Stall mithelfen, ebenso am Abend. Die Mitarbeit am Feld war eine Selbstverständlichkeit. Bei der Kartoffelernte blieb ich üblicherweise 2 Wochen der Schule fern. Als der Lehrer sich darüber aufregte, schrieb ihm Vater, die Ernte der Kartoffel ist wichtiger als die Schule.

Vor Schulabgang wurde von der Firma Böhler, einer Metallbaufirma mit über 7.000 Bediensteten in Kapfenberg, mit den Buben der Abschlussklasse ein Test durchgeführt. Als einziger Schüler wurde ich zum Werkstest geladen. Ich bekam das Anbot in die Metallfachschule aufgenommen zu werden, was mein Vater wegen erforderlicher Arbeitshilfe in der Landwirtschaft nicht erlaubte.

Im Jahr 1960 rückte ich zum Bundesheer ein und begann die Arbeitermittelschule in Salzburg. Die Aufnahme war von einer Prüfung abhängig, die zwei Professoren durchführten. Der für Deutsch zuständige Lehrer verlangte meinen Lebenslauf, was ich sehr seltsam fand. Nach dem Test erklärte er, hätte sein Kollege für Mathematik mich nicht so gut bewertet, er würde mich nicht aufnehmen. Von ihm bekam ich auf sämtliche Schularbeiten ausschließlich die Note »nicht genügend«. Nur die mündlichen Prüfungen retteten mich vor dem Sitzenbleiben. Im zweiten Jahr bekamen wir als Schularbeit das Thema »Inhaltliche Kurzfassung von Tristan und Isolde«. Ich kannte die Skripten des Direktors, der ebenfalls Deutsch unterrichtete. Darin stand in Kurzfassung das gleiche Thema. Daher mein Entschluss den Text 1 : 1 abzuschreiben. Resultat: »nichtgenügend wegen unbeholfener Ausdrucksweise«. Damit war mir die absolute Chancenlosigkeit erst richtig bewusst geworden. Als er anschließend, zu meinem Glück, die Schule verließ, kam ich sofort auf Note gut. Später erfuhr ich, dass er Funktionär der sozialistischen Partei war und kein Verständnis dafür hatte, dass ein Jugendlicher eines Bauern die Arbeitermittelschule besucht.

Im 2. Schuljahr begann das Fach Englisch. Als der Herr Professor zur ersten Unterrichtsstunde kam, sprach er ausschließlich in Englisch. Am Ende sagte er, der Herr Direktor hat mich darauf aufmerksam gemacht, dass in dieser Klasse ein Schüler sitzt, der nur die Volksschule hat. Wer ist dieser Schüler? Ich zeigte auf. Darauf meinte er: Es ist ihr Problem im Unterricht mitzukommen. Ich setze vier Jahre Englisch voraus. Aus Vorsicht büffelte ich in den Ferien davor einen Fernkurs für Englisch. Die erste Schularbeit war zur Überraschung des Lehrers positiv. Am 23.02.1965 schlossen von den 45 Schülern des 1. Semesters 13 mit der Reifeprüfung ab.

Mein Hauptstudium war Landwirtschaft auf der Universität für Bodenkultur in Wien.

Neben bei absolvierte ich ein Programmierpraktikum auf der technischen Hochschule Fachgebiet Rechentechnik, dem Vorgängerstudium der Informatik.

Mein ausgeübter Beruf war Organisator in der Softwareentwicklung. Nebenberuflich absolvierte ich das Studium Biometrie und Politikwissenschaft. Eine Aktion der besonderen Art erlebte ich im Rahmen meiner Vorlesung als Universitätslektor »Grundlagen der Softwareprojektierung«, die ich über ein Jahrzehnt gehalten habe. Nach dem zweiten Jahr wurde ohne mein Wissen, auf Initiative der Studenten, die Lehrveranstaltung von zwei auf vier Stunden pro Woche erhöht.

Ein Bekannter, der Pater eines Stiftes der Zisterzienser war, hat aus Verzweiflung Selbstmord verübte. Die Ursache dafür war der Anlass, intensiv mit der historischen Entwicklung der katholischen Kirche und ihrer Glaubenslehre zu beschäftigen.

Noch heute belastet mein Gewissen, ihm den Austritt aus dem Orden nicht empfohlen zu haben. Sein Leben als Lehrer hätte ein schöneres Ende gehabt.

Nach meiner Pensionierung war ich sieben Jahre ehren-
amtlich in Pflegeheimen tätig.

Mein Spezialgebiet wurde die intensive Beschäftigung mit
Grundlagen und Entwicklung der katholischen Kirche.
Acht Bücher sind das Resultat dieser Aktivität.

Mag DI Dr. Alfred Pirker

Markante Ereignisse

Mein Bruder stürzte im Sommer 1942 mit 2 Jahren von der Brücke in den Fluss Taurach des Wintersportgebietes Obertauern und ertrank. Mutter war von mir schwanger und brachte mich im November auf die Welt. Sie machte sich große Vorwürfe und Schuldzuweisungen. Die sechs älteren Geschwister waren im praktischen Leben ganz anders als ich. Ich kam mir vor als wäre ich ein Adoptivkind.

Im Kriegsjahr 1944 erkrankte ich mit 2 Jahren an einer Rippenfellentzündung. Der Arzt sagte zu meiner Mutter »liebe Frau ich kann für ihr Kind leider nichts mehr tun«. Er empfahl ihr, eine Bäuerin aufzusuchen, die mit Naturmitteln arbeitete. Diese Frau legte mir eine Woche lang mit heißem Harz bestrichenes Leinen auf den Rücken und rettete mein Leben.

Als Schüler ging ich Hochwasser schauen. Ich stieg die Felsen hinaus und eine große Wasserwelle riss mich in den Fluss. Durch Zufall konnte ich einen in das Wasser hängenden Ast einer Weide ergreifen und an diesem herausklettern. Ab diesem Zeitpunkt konnte ich schwimmen. Meiner Mutter erzählte ich aus Rücksicht meines gleichnamigen Bruders, der 1942 ertrank nie davon.

Ein Jahr später fand ich in einem Graben eine schöne ovale blau gefurchte Kugel mit Schraubverschluss. Ich war mit Mutter auf dem Acker Unkraut jäten. Ich zeigte ihr, was ich gefunden hatte, was sie leider nicht erkannte. Als ich trotzt Bemühens den Schraubverschluss nicht öffnen konnte, schmiss ich das Zeug verärgert wieder in den Graben. Zu Hause erzählte ich davon dem Postenkommandanten der Gendarmerie. Dieser sagte zu mir – »Bub sei froh dass du sie nicht aufschrauben konntest. Sekunden später wärst du tot gewesen, das war eine deutsche Eierhandgranate«.

Mit 16 trank ich am Sonntag zum Mittagsessen eine halbe Flasche dunkles Bier. Als ich nachmittags den Rest austrinken wollte, verspürte ich im Hals etwas krabbeln. Nach einem Hustenanfall kamen zwei lebende Wespen heraus. Der Arzt erklärte mir, hätte mich nur eine davon gestochen wäre ich ohne Luftröhrenschnitt innerhalt von 7 – 10 Minuten erstickt.

An meinem 5. Hochzeitstag den 9.11.1978 verrichtete ich Maurerarbeiten bei unserem Vierseithof. Mittags fuhr ich ins nächste Gasthaus zum Essen. Als ich zurückfuhr, kam von einem landwirtschaftlichen Güter Weg, ohne Straßensperre eine Kolonne von Kettenpanzern des Bundesheeres auf die Landestraße. Ich kam mit dem Auto zwischen dem ersten und zweiten Panzer zu fahren. Plötzlich blieben sie stehen. Als der Panzer vor mir wieder Gas gab, fuhr er zurück! Die Panzerkette drückte mein Auto nieder und ich erstarrte vor Schreck. Zwei Meter weiter und ich wäre unter der Kette gelegen. Monate lang erlebte ich in der Nacht das Schreckensszenario und wachte schweißgebadet auf.

In Wien arbeitete ich in der Renngasse nahe der ehemaligen Börse. Dort biegt die Straßenbahn der Linie D in die Ringstraße ein. Unmittelbar als ich den Ring überquerte, schnalzte es hinter mir. Ich drehte mich um und 2 – 3 Meter hinter mir gingen Stichflammen in die Höhe. Ursache: Die Oberleitung der Straßenbahn war auf die Straße gefallen. 1 – 2 Sekunden später hätte sie mich getroffen!

Das nächste Ereignis war das Graben einer Künette mit Rohrverlegung. Der letzte Teil, wo das Wasser gefasst und abgeleitet wurde, befand sich in 4 Meter Tiefe. Plötzlich merkte ich, dass die Künette einzubrechen beginnt. Ich konnte gerade noch über die 5 m Leiter die Oberfläche erreichen, als der Einbruch der Künette erfolgte. Der Baggerfahrer der Firma: Ich hätte nicht gewusst was ich machen soll. Ich kann sie ja nicht mit dem Bagger ausgraben! Es ist per Verordnung verboten, Künetten über 2 Meter Tiefe ohne Schutzwände zu errichten, wenn darin gearbeitet wird. Das erlebte ich durch eine Person, dessen Beruf Baggerfahrer war!

Im Jahr 2001 bekam ich Schlafapnoe, ein Zustand bei dem man während des Schlafens Atmungsausfälle hat, die einen Mangel an Sauerstoff verursachen. Die Folge sind Ermüdungserscheinungen und Konzentrationsstörungen. Der Test im Schlaflabor ergab einen Atmungsausfall von 40 %. Die Behebung dessen erfolgt durch Verwendung einer Luftpumpe und Gesichtsmaske beim Schlafen. Die Kontrolle nach 9 Monaten ergab eine Verschlechterung des Zustandes, was eine Erhöhung des Luftdruckes notwendig machte. Ohne Behandlung dieses Zustandes ist es empfehlenswert eintönige Autofahrten nicht zu machen. Zweimal erlebte ich auf der Autobahn bei Tempo 130 einen Sekundenschlaf. Zum Glück ist nichts passiert. Als ich im Jahr 2004 in Pension ging, nahm ich mir vor alles zu tun um das Gerät los zu werden. Mittags wurde das letzte Mal gegessen und tagsüber viel Bewegung gemacht. In einem halben Jahr erreichte ich eine Gewichtsabnahme von 88 auf 72 kg. Ich rief im Labor an, dass ich mich sehr wohl fühle und die Luftpumpe vermutlich nicht mehr benötige. Antwort: Ein Pumpenverzicht tritt äußerst selten ein. Sicherheitshalber wurde in der Folgewoche einen Test im Schlaflabor durchgeführt. Diagnose: Alles in Ordnung – sie können das Gerät zurückgeben. Einige Jahre später entdeckte ich auf der Wiener Seniorenmesse einen Stand für Betroffene von Schlafapnoe. Sie waren über den erfolgreichen Verlauf meiner Behandlung sehr verwundert und teilten mir mit, dass sie niemanden kennen, der auf Maske und Luftpumpe verzichten konnte.

Am 13. Juni 2018 war der Regen so stark, dass wir das bisher stärkste Hochwasser erlebten. Von der Terrasse im 1. Stock war durch einen Mauerschaden Wasser über die Innenstiege, bestehend aus polierten Granitplatten, gesichert. Dies nicht wahrnehmend ging ich mit einer leeren Flasche hinunter. Auf der 3. Stufe von oben rutschte ich aus, die Flasche flog hinunter, ging in Scherben und ich stürzte auf diese drauf. Unverletzt und ohne Schnittwunden überstand ich den Sturz.

Unterhalb der Solaranlage des Daches hatte ich am 10. Dezember 2018 eine Ausbesserungsarbeit am Ziegeldach zu machen. Dabei stand ich auf einer Stehleiter. Diese rutschte vom Gehsteig in das anschließende tiefer liegende Rosenbeet und fiel um. Ich stürzte in Rückenlage auf den Gehsteig. Ich stand auf als wäre nichts geschehen und spürte die Anwesenheit meines Schutzengels.

Literatur

Grundriss der katholischen Dogmatik
Offizielles Lehrbuch der theologischen Fakultät
Ludwig Ott, vierte Auflage 1959

Dogmen mit Status »de fide«
http://kath-zdw.ch/maria/245.dogmen.html

Der Glaube der Kirche in den Urkunden der Lehrverkündigung, Neuner-Ross neubearbeitet von Karl Rahner und
Karl-Heinz Weger 13. Auflage.

Emanuel Swedenborg (1688 – 1772)
Wissenschaftler, Forscher und Theosoph
Das christliche Totenbuch – Himmel und Hölle

Dalai Lama
Das kleine Buch vom rechten Leben

Pim van Lommel
Endloses Bewusstsein –
Neue medizinische Fakten zur Nahtoderfahrung

Bernard Jakoby
Auch du lebst ewig
Ergebnisse der modernen Sterbeforschung

Ian Stevenson
Reinkarnation
Der Mensch im Wandel von Tod und Wiedergeburt

Judy und Bill Guggenheim
Trost aus dem Jenseits – Unerwartete Begegnung mit
Verstorbenen

Johannes Greber
Der Verkehr mit der Geisterwelt Gottes
seine Gesetze und sein Zweck

ABD—RU—SHIN
Im Lichte der Wahrheit Gralsbotschaft Band I,II,III
Verlag der Stiftung Gralsbotschaft

ABD—RU—SHIN
Fragebeantwortungen
Verlag Maria Bernhardt

Trost aus dem Jenseits
Judy und Bill Guggenheim
Verlag Scherz